논술과 일상에서
가장 많이 틀리는

비교 맞춤법

편집부편
정수영 그림

와이 앤 엠

차 례

1

틀리기 쉬운
낱말

🐟 가개 → 가게 ⭐

작은 규모로 물건을 파는 집.

🌳 어머니는 　가게·가개　에 가서 라면을
사오라고 하셨습니다.

어느 낱말이 맞게 쓰여졌을까요?

> • 어머니는 가게에 가서 라면을 사오라고
> 하셨습니다.
>
> ➡ 가게가 맞고 '가개'는 틀립니다.

• 우리 동네에 새로운 반찬 가게가 생겼습
니다.

• 어머니는 쌀가게에 가서 쌀 두 되
를 사오라고 하셨습니다.

맞춤법 맛보기

'~게'와 '~개'는 자주 틀리는 낱말입니다.

• '~개'로 쓰는 낱말
• 날개　　• 지우개
• 무지개　　• 마개

- '~게'로 쓰는 낱말
- 뭉게뭉게   · 멍게

갈려고 → 가려고

한 곳에서 다른 곳으로 장소를 이동하다.

우리 가족은 동물원에 집을 나섰습니다.   **가려고 · 갈려고**

어느 낱말이 맞게 쓰여졌을까요?

- 우리 가족은 동물원에 가려고 집을 나섰습니다.

➡ 가려고가 맞고 '갈려고'는 틀립니다.

- 아기가 엄마에게 가려고 바동거리는 것이 귀엽습니다.

- 아버지는 일본에 가려고 공항으로 가셨습니다.

9

🐟 가엾다 · 가엽다

양쪽의 사이.

🌳 사고로 부모를 모두 잃은 그 어린이가
너무 `가엾습니다 · 가엽습니다` .

어느 낱말이 맞게 쓰여졌을까요?

> • 영민이는 그의 반에서 성적이 가운데
> 는 됩니다.
>
> ➡ **가엾다**와 **가엽다** 모두 맞는 말입니다.

• 그 아이들은 세상에 의지할 곳이
없는 가엾은 아이들입니다.

• 등록금을 내지 못한 철수의 사정이 딱
하고 가엽습니다.

🐟 가을거리 → 가을걷이⭐

가을에 익은 곡식을 거두어들이는 일.

🌳 `가을걷이 · 가을거리` 가 끝난 들판은
텅 비어 있었습니다.

어느 낱말이 맞게 쓰여졌을까요?

· 가을걷이가 끝난 들판은 텅 비어 있었
습니다.

➡ 가을걷이가 맞고 '가을거리'는 틀립
니다.

· 가을걷이가 한창인 논에는 볏가리가
잔뜩 쌓여 있었습니다.

· 울타리에 강낭콩의 덩굴이 뻗어 꽃
이 연보라로 밝게 피어 있었습니다.

맞춤법 맛보기

· 여기서 '가을걷이'는 읽을 때에 '가을거
지'로 읽어야 합니다. 이와 같이 읽는 낱
말의 예를 조금 들면 다음과 같습니다.

· 해돋이(해도지)   · 미닫이(미다지)
· 맏이(마지)   · 굳이(구지)
· 같이(가치)   · 걷히다(거치다)

가운대 → 가운데 ⭐

양쪽의 사이.

영민이는 그의 반에서 성적이 가운데·가운대 는 됩니다.

어느 낱말이 맞게 쓰여졌을까요?

- 영민이는 그의 반에서 성적이 가운데는 됩니다.

➡ 가운데가 맞고 '가운대'는 틀립니다.

- 너는 산과 바다 가운데 어느 곳을 좋아하니?
- 미나는 삼남매 가운데 막내딸로 태어났습니다.

맞춤법 맛보기

- 여기서 '~데'는 '곳·장소'를 나타내는 말입니다.

강남콩 → 강낭콩 ★

줄기가 덩굴을 이루고 여름에 흰색 또는 자주색 꽃이 피는 콩과의 한해살이풀.

🌳 어머니는 `강낭콩 · 강남콩` 을 넣고 저녁밥을 지으셨습니다.

어느 낱말이 맞게 쓰여졌을까요?

- 어머니는 강낭콩을 넣고 저녁밥을 지으셨습니다.

➡ 강낭콩이 맞고 '강남콩'은 틀립니다.

- 어머니는 잡곡밥을 하신다고 시장에서 강낭콩을 사오셨습니다.

- 울타리에 강낭콩의 덩굴이 뻗어 꽃이 연보라로 밝게 피어 있었습니다.

맞춤법 맛보기

- '강낭콩'은 강남에서 나는 콩이란 뜻의 '강남콩'이 변해서 '강낭콩'으로 변한 말입니다. '강낭콩'이 표준말이고 '강남콩'은 사투리입니다.

🐟 같애 → 같아

크기나 모양이 서로 다르지 않고 한 모양이다.

🌳 마음껏 뛰어논 다음에는 공부가 더 잘 되는 것 **같아요 · 같애요** .

어느 낱말이 맞게 쓰여졌을까요?

> • 마음껏 뛰어논 다음에는 공부가 더 잘되는 것 같아요.
>
> ➡ 같아가 맞고 '같애'는 틀립니다.

- 친구들이 내 얘기를 몰래 하는 것 **같아** 기분이 나빴습니다.

- 민지와 나는 아버지가 **같은** 직장에 다니셔서 더 친한 것 같아요.

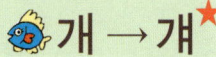 개 → 걔 ★

> '그 아이'의 준 말.

🌳 **걔 · 개** 도 너처럼 국어 성적이 좋으니?

어느 낱말이 맞게 쓰여졌을까요?

- 걔도 너처럼 국어 성적이 좋으니?

➡ 걔가 맞고 '개'는 틀립니다.

- 네가 자꾸 좋지 않은 장난을 치니까 **걔가** 화를 낼 만도 하지.

- **걔는** 이 다음에 커서 건축가가 되는 것이 꿈이래요.

- '아이'의 준말은 '애'입니다. '이 아이'의 준말은 '얘'입니다. 그러므로 '그 아이'의 준말은 '걔'입니다.

거에요 → 거예요★

'것이에요'의 줄어든 말.

바람이 불어 나뭇가지가 흔들리는 거예요 · 거에요.

어느 낱말이 맞게 쓰여졌을까요?

- 바람이 불어 나뭇가지가 흔들리는 거예요.

➡ 거예요가 맞고 '거에요'는 틀립니다.

- 병아리들이 어미닭을 따라나와 모이를 주워 먹는 거예요.

16

- 시험이 끝나자 긴장된 마음이 풀려 갑자기 졸음이 오는 거예요.

맞춤법 맛보기

- '~에요와 ~예요'의 구분은 받침이 있는 말 뒤에는 ~에요(책상이에요)를, 받침이 없는 말 다음에는 ~예요(국수이예요)를 씁니다.

건늘목 → 건널목

철로와 도로가 엇갈린 곳.

🌳 학교를 가려면 반드시 건널목·건늘목 을 건너야 합니다.

어느 낱말이 맞게 쓰여졌을까요?

- 학교를 가려면 반드시 건널목을 건너야 합니다.

➡ 건널목이 맞고 '건늘목'은 틀립니다.

- 건널목을 건널 때는 주위를 잘 살펴보아야 합니다.

- 비오는 날에는 건널목을 건너기가 무서워요.

건데기 → 건더기★

국이나 찌개 따위의 국물이 있는 음식 속에 들어 있는 국물 이외의 것.

할머니께서는 치아가 안 좋으셔서 국물만 드시고 건더기·건데기 는 남기셨다.

어느 낱말이 맞게 쓰여졌을까요?

- 할머니께서는 치아가 안 좋으셔서 국물만 드시고 건더기는 남기셨다.

➡ 건더기가 맞고 '건데기'는 틀립니다.

- 나는 건더기를 먼저 건져 먹고 국물을 후루룩 마셔 버렸습니다.

- 철민이는 국에서 **건더기**를 건져내고 멀건 국물만 마셨습니다.

걸르다 → 거르다

> 차례대로 나아가다가 중간에 어느 순서나 자리를 빼고 넘기다.

민이는 집안이 가난하여 끼니를 **거르는 · 걸르는** 날이 많았습니다.

어느 낱말이 맞게 쓰여졌을까요?

- 민이는 집안이 가난하여 끼니를 거르는 날이 많았습니다.

➡ **거르는**이 맞고 '걸르는'은 틀립니다.

- 우리는 교실 청소를 하루도 **거르지** 않고 했습니다.

- 때를 **거르지** 말고 규칙적으로 밥을 먹어라.

🐟 겨울내 → 겨우내 ★

한겨울 동안 계속해서.

🌳 할머니는 한 번 든 감기가 `겨우내 · 겨울내` 나가지 않아 고생을 했습니다.

어느 낱말이 맞게 쓰여졌을까요?

> • 할머니는 한 번 든 감기가 겨우내 나가지 않아 고생을 했습니다.
>
> ➡ 겨우내가 맞고 '겨울내'는 틀립니다.

• 봄이 되자 겨우내 눈 속에 덮혀 있던 어린 보리싹이 파랗게 모습을 보였습니다.

• 겨우내 닫혀 있던 창문을 열고 따스한 봄기운을 맞아들였습니다.

🐟 고마와요 → 고마워요 ★

남이 베풀어 준 호의나 도움 따위에 대하여 마음이 흐뭇하고 즐겁다.

🌳 이렇게 무거운 가방을 역까지 들어주다니
정말 고마워요 · 고마와요 .

어느 낱말이 맞게 쓰여졌을까요?

· 이렇게 무거운 가방을 역까지 들어주다
니 정말 고마워요.

➡ 고마워요가 맞고 '고마와요'는 틀립
니다.

· 바쁘실 텐데 먼 길을 와주셔서 고마
워요.

· 그녀는 그가 자기를 위해 그렇게 애써
주는 게 무척이나 고마웠습니다.

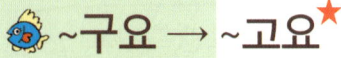 **~구요 → ~고요**

움직임이나 모양을 나타내는 말의 뒤에 붙는 말.

 🌳 사람 무시하지 마세요. 나도 그 정도는 안다 고요 · 구요 .

어느 낱말이 맞게 쓰여졌을까요?

- 사람 무시하지 마세요. 나도 그 정도는 안다고요.

➡ ~**고요**가 맞고 '~구요'는 틀립니다.

맞춤법 맛보기

- 이는 '안다+고+요'로 이루어진 말입니다. 그러므로 '안다+구+요'로 쓰면 틀립니다.

- 우리 아이가 잘못했다고요? 우리 애는 그런 짓을 안 해요.

- 영민이는 선생님께 고자질을 했고요, 저희는 가만히 있었어요.

곰곰히 → 곰곰이 ⭐

깊이 생각하는 모양.

그는 혼자서 무엇인가를 | 곰곰이 · 곰곰히 | 생각하였습니다.

어느 낱말이 맞게 쓰여졌을까요?

- 그는 혼자서 무엇인가를 곰곰이 생각하였습니다.

➡ 곰곰이가 맞고 '곰곰히'는 틀립니다.

- 어머니께 꾸중을 들은 영민이는 무엇을 잘못 했는지 곰곰이 생각을 정리해 보았습니다.

- 무엇이든지 섣불리 결정하지 말고 한 번 더 곰곰이 생각해 보아라.

곱배기 → 곱빼기★

음식에서, 두 그릇의 몫을 한 그릇에 담은 분량.

그들은 배가 고팠던지 자장면을 곱빼기·곱배기 로 시켜 먹었습니다.

어느 낱말이 맞게 쓰여졌을까요?

- 그들은 배가 고팠던지 자장면을 곱빼기로 시켜 먹었습니다.

➡ 곱빼기가 맞고 '곱배기'는 틀립니다.

- 영민이는 숙제도 안 하고 엄마의 심부름도 안 하자 곱빼기로 꾸중을 들었습니다.

- 아빠는 목욕을 다녀오시자 시장하셨던지 어머니께 국수를 곱빼기로 달라고 하셨습니다.

구비 → 굽이

휘어서 구부러진 곳.

🌳 산길을 한 　굽이 · 구비　 돌아서자 멀리 외할머니의 집이 보였습니다.

어느 낱말이 맞게 쓰여졌을까요?

> • 산길을 한 굽이 돌아서자 멀리 외할머니의 집이 보였습니다.
>
> ➡ 굽이가 맞고 '구비'는 틀립니다.

• 강원도의 동강은 다른 곳보다 강굽이가 급하게 돌아갑니다.

• 암벽 사이를 굽이 돌아가니 넓은 들이 나왔습니다.

🐟 금새 → 금세 ⭐

지금 바로.

🌳 운동을 하고 돌아 온 철민이는 온몸이 노곤하여 　금세 · 금새　 잠이 들었습니다.

어느 낱말이 맞게 쓰여졌을까요?

- 운동을 하고 돌아 온 철민이는 온몸이 노곤하여 금세 잠이 들었습니다.

➡ 금세가 맞고 '금새'는 틀립니다.

- 어머니는 청소기로 집안 청소를 금세 끝냈습니다.

- 한 차례 소나기가 퍼붓더니 금세 날이 개었습니다.

괴다 · 고이다 ⭐

물 따위의 액체나 냄새 따위가 우묵한 곳에 모이다.

비가 내리자 움푹 파여진 도로 여기저기에 빗물이 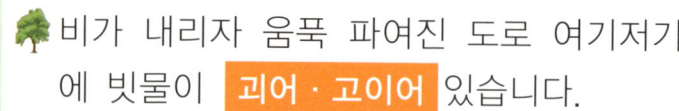 있습니다.

어느 낱말이 맞게 쓰여졌을까요?

- 비가 내리자 움푹 파여진 도로 여기저기에 빗물이 괴어 · 고이어 있습니다.

➡ 괴다, 고이다 모두 맞는 말입니다.

- 시장한 터에 맛있는 음식을 보니 입에 침이 **고이었습니다**.

- 간밤에 온 비에 마당에는 물이 **괴었다**.

길다란 → 기다란

매우 길거나 생각보다 긴.

놀이공원에는 들어가려는 사람들로 **기다란·길다란** 줄을 이루었습니다.

어느 낱말이 맞게 쓰여졌을까요?

- 놀이공원에는 들어가려는 사람들로 기다란 줄을 이루었습니다.

➡ **기다란**이 맞고 '길다란'은 틀립니다.

- 목이 **기다란** 기린은 높은 나무의 연한 잎을 먹습니다.

- 공원의 **기다란** 의자에 앉아 있던 영미는 나를 보자 반갑게 손짓을 합니다.

🐟 과녁 → 과녁 ⭐

활이나 총 따위를 쏠 때 표적으로 만들어 놓은 물건.

🌳 우리나라의 양궁 선수들은 <mark>과녁·과녁</mark> 을 모두 정확히 맞혔습니다.

어느 낱말이 맞게 쓰여졌을까요?

> • 우리나라의 양궁 선수들은 과녁을 모두 정확히 맞혔습니다.
>
> ➡ 과녁이 맞고 '과녁'은 틀립니다.

녁과 녘은 혼동하기 쉬운 말입니다. '녘'은 방향이나 지역을 가리키는 말입니다. 그 외에는 '녁'을 씁니다.
- 과녁 · 저녁
- 동녘 · 북녘 · 해질녘

- 그 선수는 나이가 어림에도 불구하고 과녁을 정확히 맞혔습니다.

- 아빠는 날아가는 꿩을 과녁으로 삼아 사냥총의 방아쇠를 당겼습니다.

귓속말 · 귀엣말 ★

남의 귀에 대고 소곤거리는 말.

저들은 무슨 비밀이 있어서 저렇게 소곤소곤 귓속말 · 귀엣말 을 하는 걸까요?

어느 낱말이 맞게 쓰여졌을까요?

- 저들은 무슨 비밀이 있어서 저렇게 소곤소곤 귓속말·귀엣말을 하는 걸까요?

➡ 귓속말·귀엣말 모두 맞는 말입니다.

- 여학생들은 철민이의 얼굴을 유심히 살펴보며 저희끼리 귓속말로 숙덕거렸습니다.

- 영미와 철민이는 잔디밭에 앉아서 귀엣말로 소곤거리고 있습니다.

깃빨 → 깃발

기의 바탕이 되는 널따란 부분.

🌳 김연아가 우승을 하자 관중들은 깃발·깃빨 을 날리며 환호성을 질렀습니다.

어느 낱말이 맞게 쓰여졌을까요?

- 김연아가 우승을 하자 관중들은 깃발을 날리며 환호성을 질렀습니다.

➡ 깃발이 맞고 '깃빨'은 틀립니다.

• 가을 운동회장에는 만국 **깃발**이 나부끼고 있었습니다.

• 항구에는 크고 작은 **깃발**이 색종이처럼 팔랑이고 있었습니다.

깍정이 → 깍쟁이⭐

인색하고 자기만 아는 얄미운 사람.

🌳동생은 깍쟁이 · 깍정이 라 항상 가장 좋은 물건을 차지했습니다.

어느 낱말이 맞게 쓰여졌을까요?

• 동생은 깍쟁이라 항상 가장 좋은 물건을 차지했습니다.

➡ **깍쟁이**가 맞고 '깍정이'는 틀립니다.

맞춤법 맛보기

여기서 '쟁이'는 '장이'와 혼동되는 낱말입니다. '장이'는 기술자에게, 그 외에는 '쟁이'를 씁니다.

• 미장이 · 유기장이
• 멋쟁이 · 소금쟁이 · 개구쟁이

- 그 여자는 돈이 있어도 어려운 사람을 도와주지 않는 깍쟁이입니다

- 시골 깍쟁이 서울 곰만 못하다는 속담이 있어요.

 깡총깡총 → 깡충깡충 ★

> 짧은 다리를 모으고 힘 있게 자꾸 솟구쳐 뛰는 모양.

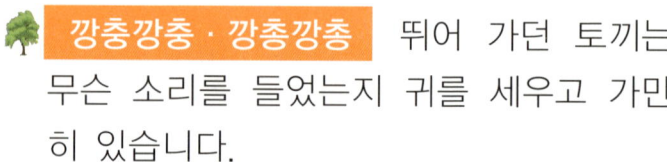 **깡충깡충 · 깡총깡총** 뛰어 가던 토끼는 무슨 소리를 들었는지 귀를 세우고 가만히 있습니다.

어느 낱말이 맞게 쓰여졌을까요?

- 깡충깡충 뛰어 가던 토끼는 무슨 소리를 들었는지 귀를 세우고 가만히 있습니다.

➡ 깡충깡충이 맞고 '깡총깡총' 은 틀립니다.

- 어린 소녀가 깡충깡충 뛰며 줄넘기를 했습니다.

- 언니는 깡충깡충 뛸 때마다 가랑머리
가 어깨 위에서 펄럭거립니다.

깨끗히 → 깨끗이★

때나 먼지가 없이 깔끔함.

철민이는 자고 일어나면 잠자리를 깨끗
이 · 깨끗히 정리하였습니다.

어느 낱말이 맞게 쓰여졌을까요?

- 철민이는 자고 일어나면 잠자리를 깨끗
이 정리하였습니다.

➡ 깨끗이가 맞고 '깨끗히'는 틀립니다.

맞춤법 맛보기

이는 어느 때 '이'를 쓰고 어느 때 '히'
를 쓰는지 혼동하기 쉽습니다. 이때 보
통은 앞말에 '~하다'를 붙여서 말이 되
면 '히'를 쓰고 아니면 '이'를 씁니다.
그러나 '하다'를 붙여 말이 되어도 앞

낱말의 받침이 'ㅅ'으로 끝나면 '이'를 씁니다.
- 깨끗이 (○)   깨끗히 (X)
- 뚜렷이 (○)   뚜렷히 (X)
- 버젓이 (○)   버젓히 (X)
- 조용하다 → 조용히 (○)   조용이 (X)
- 용감하다 → 용감히 (○)   용감이 (X)
- 솔직하다 → 솔직히 (○)   솔직이 (X)

- 칠판을 지우개로 **깨끗이** 지워라.

- 어머니는 행주로 식탁 위를 **깨끗이** 훔쳤습니다.

꼬시다 → 꼬이다

그럴듯하게 남을 속이거나 부추겨 자기 생각대로 끌다.

영수는 떡볶이를 먹으러 가자고 나를 **꼬시다 · 꼬이다**.

어느 낱말이 맞게 쓰여졌을까요?

- 영수는 떡볶이를 먹으러 가자고 나를 꼬이다.

➡ **꼬이다**가 맞고 '꼬시다'는 틀립니다.

- 성민이의 꼬임에 빠져 나는 숙제도 하지 않고 축구장으로 향했습니다.

- 우리는 누구의 꼬임에 빠진 것도 아니면서 함께 과수원으로 향했습니다.

꼴지 → 꼴찌★

차례의 맨 끝.

🌳 영미는 이번 달리기에서도 꼴찌·꼴지 를 면하기 어려울 것 같아 걱정이 많습니다.

어느 낱말이 맞게 쓰여졌을까요?

- 영미는 이번 달리기에서도 꼴찌를 면하기 어려울 것 같아 걱정이 많습니다.

➡ 꼴찌가 맞고 '꼴지'는 틀립니다.

- 그 어린 선수는 마라톤에서 꼴찌로 들어왔지만 끝까지 달렸습니다.

- 민수는 열심히 노력한 결과 이번에는 꼴찌를 면하였습니다.

꾸중 · 꾸지람 ⭐

아랫사람의 잘못을 꾸짖는 말.

🌳 선생님은 숙제를 하지 않은 학생들을 꾸중 · 꾸지람 하셨습니다.

어느 낱말이 맞게 쓰여졌을까요?

36

- 선생님은 숙제를 하지 않은 학생들을 꾸중·꾸지람하셨습니다.

➡ 꾸중·꾸지람 모두 맞는 말입니다.

맞춤법 맛보기

'꾸중'은 '꾸지람'의 높임말입니다.

- 아빠는 우리에게 게으름을 피우지 말라고 꾸지람을 했습니다.

- 동생은 꾸중을 듣고 입을 빼죽거리더니 마침내 울음을 터트렸습니다.

끼여들기 → 끼어들기

무리하게 비집고 들어서는 일.

차선을 지키지 않고 무리하게 끼어들기·끼여들기를 하면 위험합니다.

어느 낱말이 맞게 쓰여졌을까요?

- 차선을 지키지 않고 무리하게 끼어들기를 하면 위험합니다.

➡ 끼어들기가 맞고 '끼여들기'는 틀립니다.

'끼여'는 '끼이어'의 준말이며 '끼이어'는 틈새에 무엇이 끼이는 것을 말합니다.

- 여자애들은 무슨 일에 끼어들기를 좋아합니다.

- 아버지는 애들은 어른의 말씀에 끼어들지 말라고 하셨습니다.

날으는 → 나는

공중에 떠서 움직이는 것.

그 차는 달리는 것이 아니라 숫제 날으는 · 나는 비행기인 듯했습니다.

어느 낱말이 맞게 쓰여졌을까요?

- 그 차는 달리는 것이 아니라 숫제 **나는** 비행기인 듯했습니다.

➡ **나는**이 맞고 '날으는'은 틀립니다.

맞춤법 맛보기

'나는'의 원말은 '날다'입니다. 이 말에 '~는'이 붙으면서 'ㄹ'이 떨어져 나간 것입니다. 이런 예는 더 있습니다.
- 살다=살는→사는
- 갈다=갈는→가는

- 그는 **나는** 새도 떨어뜨릴 정도의 권세를 가지고 있습니다.

- 기는 놈 위에 **나는** 놈이 있다더니 영민이는 많은 재주가 있습니다.

낚시터 → 낚시터 ★

낚시질하는 곳.

🌳 아이들이 낚시터 · 낙시터 주위를 떠들
며 다니는 바람에 아버지는 고기를 한 마
리도 못 잡았습니다.

어느 낱말이 맞게 쓰여졌을까요?

> · 아이들이 낚시터 주위를 떠들며 다니는
> 바람에 아버지는 고기를 한 마리도 못
> 잡았습니다.
> ➡ 낚시터가 맞고 '낙시터'는 틀립니다.

· 아빠는 주말마다 낚시터에 가므로 우
리와 놀아주지 않습니다.

· 마을 앞 낚시터에는 주말이면 많은 사
람들이 모입니다.

🐟 나라오르다 → 날아오르다

날아서 오르다.

🌳 먹이를 먹던 비둘기 떼가 갑자기 하늘로
날아올랐습니다 · 나라올랐습니다 .

어느 낱말이 맞게 쓰여졌을까요?

- 먹이를 먹던 비둘기 떼가 갑자기 하늘로 날아올랐습니다.

➡ 날아오른다가 맞고 '나라오른다'는 틀립니다.

- 영수가 조심스럽게 다가갔으나 나비는 잽싸게 날아올랐습니다.

- 새 떼가 무엇에 놀랐는지 갑자기 날아올랐습니다.

납짝하다 → 납작하다

높이가 아주 낮거나 두께가 얇다.

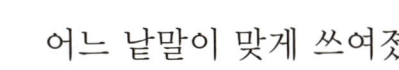 영미의 코는 납작하다 · 납짝하다 .

어느 낱말이 맞게 쓰여졌을까요?

- 영미의 코는 납작하다.

➡ 납작하다가 맞고 '납짝하다'는 틀립니다.

41

- 동생의 코는 어릴 적에는 납작했었습니다.

- 내 짝꿍의 얼굴은 둥글고 납작합니다.

낯설은 → 낯선 ★

> 서로 알지 못하여 어색하고 서먹서먹하거나 눈에 익지 않은 것.

🌳 어린 아이들은 낯설은 · 낯선 사람에게 경계심을 보입니다.

어느 낱말이 맞게 쓰여졌을까요?

- 어린 아이들은 낯선 사람에게 경계심을 보입니다.
- ➡ 낯선이 맞고 '낯설은' 은 틀립니다.

맞춤법 맛보기

- '낯선'의 기본 말은 '낯설으다'가 아니고 '낯설다'이므로 '낯선'이 맞습니다.

- 그는 처음 보는 사람이지만 낯설지가 않습니다.

- 우리 집 진돗개는 낯선 사람만 보면 짖어 댑니다.

남비 → 냄비

음식을 끓이거나 삶는 데 쓰는 그릇.

어머니는 냄비 · 남비 에 찌개를 끓이기 시작했습니다.

어느 낱말이 맞게 쓰여졌을까요?

- 어머니는 냄비에 찌개를 끓이기 시작했습니다.

➡ 냄비가 맞고 '남비'는 틀립니다.

- 크리스마스가 다가오자 구세군의 자선 냄비가 거리 모금을 시작했습니다.

- 가스레인지 위의 냄비에서는 김치찌개가 맛있게 끓고 있었습니다.

널판지 → 널빤지

판판하고 넓게 켠 나뭇조각.

태권도 사범은   **널판지 · 널빤지**   다섯 장을 겹쳐 놓고 격파하였습니다.

어느 낱말이 맞게 쓰여졌을까요?

- 태권도 사범은 널빤지 다섯 장을 겹쳐 놓고 격파하였습니다.

➡ 널빤지가 맞고 '널판지'는 틀립니다.

- 공사장에 깔린 널빤지에 못이 튀어나와 매우 위험합니다.

- 아버지는 널빤지를 가져와 개집을 만들고 있습니다.

너가 → 니가 → 네가 ⭐

상대를 가리키는 말입니다.

🌳 너도 이제 다 컸으니 네 일은 　네가 · 너
　가 · 니가　 스스로 하는 버릇을 가져라.

어느 낱말이 맞게 쓰여졌을까요?

> • 너도 이제 다 컸으니 네 일은 네가 스
> 　스로 하는 버릇을 가져라.
>
> ➡ 네가가 맞고 '너가 · 니가' 는 틀립니다.

맞춤법 맛보기

　'너' 와 '나' 에 '가' 가 오면 '네가 → 내
가' 가 됩니다.
- 너+가 → 네가 (O)　너가(X)
- 너+는 → 너는
- 너+를 → 너를
- 너+만 → 너만
- 나+가 → 내가 (O)　나가(X)
- 나+는 → 나는
- 나+를 → 나를
- 나=만 → 나만

- 그 일은 네가 시작한 일이니 네가 마치도록 해라.

- 기어 다니던 네가 벌써 초등학생이 되었다니 정말 대견하구나.

넝쿨 · 덩굴 ★

길게 뻗어 나가면서 다른 물건을 감기도 하고 땅바닥에 퍼지기도 하는 식물의 줄기.

나지막한 울타리에는 담쟁이 덩굴 · 넝쿨 이 예쁘게 뻗어 올라갔다.

어느 낱말이 맞게 쓰여졌을까요?

- 나지막한 울타리에는 담쟁이덩굴이 예쁘게 뻗어 올라갔다.

➡ 덩굴 · 넝쿨 모두 맞는 말입니다.

- 호박덩굴은 호박손이 있어서 나뭇가지를 감으면서 뻗어 오릅니다.

- 울타리에는 나팔꽃이 **넝쿨**을 따라 예쁜 꽃을 피웠습니다.

녹쓸다 → 녹슬다

> 쇠붙이가 부식하여 빛이 변하다.

양철로 만든 대문은 오래되어 칠이 벗겨지고 **녹슬어 · 녹쓸어** 있습니다.

어느 낱말이 맞게 쓰여졌을까요?

- 양철로 만든 대문은 오래되어 칠이 벗겨지고 녹슬어 있습니다.

➡ **녹슬어**가 맞고 '녹쓸어'는 틀립니다.

- 오랫동안 사용하지 않은 부엌칼은 벌겋게 **녹슬어** 사용할 수가 없습니다.

- 어머니는 성적이 계속 떨어지자 네가 공부를 안 해 머리가 **녹슬었다**고 하십니다.

🐟 눈꼽 → 눈곱

눈에서 나오는 진득진득한 액. 또는 그것이 말라붙은 것.

🌳 그 사람은 인정이라고는 <mark>눈곱·눈꼽</mark> 만큼도 없는 사람입니다.

어느 낱말이 맞게 쓰여졌을까요?

> · 그 사람은 인정이라고는 눈곱만큼도 없는 사람입니다.
>
> ➡ 눈곱이 맞고 '눈꼽'은 틀립니다.

· 영미의 눈에는 눈곱이 끼어 있었습니다.

· 강아지의 눈곱이 마를 날이 없더니 결국 죽고 말았습니다.

🐟 눈쌀 → 눈살

두 눈썹 사이에 잡히는 주름.

🌳 할아버지는 못마땅하신 듯 　[눈살 · 눈쌀]　 을 찡그리셨습니다.

어느 낱말이 맞게 쓰여졌을까요?

- 할아버지는 못마땅하신 듯 눈살을 찌푸리셨습니다.

➡ 눈살이 맞고 '눈쌀'은 틀립니다.

- 예의에 벗어난 행동은 사람들의 눈살을 찌푸리게 합니다.

- 어머니는 영수의 못된 버릇에 눈살을 찌푸리셨습니다.

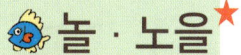 놀·노을 ★

해가 뜨거나 질 무렵에, 하늘이 햇빛에 물들어 벌겋게 보이는 모습.

🌳 저녁 노을·놀 이 비친 바다는 온통 붉은 빛깔로 출렁이었습니다.

어느 낱말이 맞게 쓰여졌을까요?

- 저녁 노을·놀이 비친 바다는 온통 붉은 빛깔로 출렁이었습니다.

➡ 노을과 놀 모두 맞습니다.

맞춤법 맛보기

- '놀'은 '노을'의 준말로 두 낱말 모두 표준어로 삼고 있습니다.

- 해가 마악 진 서쪽 하늘은 노을이 붉게 물들고 있습니다.

- 저녁 놀이 창가에 앉은 그녀의 얼굴을 비쳤습니다.

늦께 → 늑께 → 늦게

정해진 때보다 지나게.

지난 밤에 숙제를 하느라 **늦게 · 늦께 · 늑께** 잤더니 학교에 지각을 했습니다.

어느 낱말이 맞게 쓰여졌을까요?

- 지난 밤에 숙제를 하느라 늦게 잤더니 학교에 지각을 했습니다.

➡ 늦게가 맞고 '늦께 · 늑께'는 틀립니다.

- 알람이 울리지 않아 아침에 늦게 일어나 학교에 지각을 했습니다.

- 약속 시간에 조금 늦게 갔더니 친구들은 모두 가 버리고 없었습니다.

늦장 → 늑장

느릿느릿 꾸물거리는 태도.

🌳 일찍 일어났다고 늑장·늦장 을 부리다가 지각하였습니다.

어느 낱말이 맞게 쓰여졌을까요?

> • 일찍 일어났다고 늑장 부리다 지각하였습니다.
>
> ➡ 늑장이 맞고 늦장은 틀립니다.

• 시간이 남아 늑장을 부리다 보니 약속 시간이 지나고 말았습니다.

• 누나가 늑장을 부리는 바람에 기차를 놓치고 말았습니다.

🐟 담궈(담구다) → 담가(담그다)

액체 속에 집어넣다.

🌳 엄마는 추위가 오기 전에 김치를 담가· 담궈 야 하신다며 배추를 많이 사셨습니다.

어느 낱말이 맞게 쓰여졌을까요?

- 엄마는 추위가 오기 전에 김치를 담가 야 하신다며 배추를 많이 사셨습니다.

➡ 담가가 맞고 '담궈'는 틀립니다.

- 과학 시간에 개구리 해부를 한다고 개 구리를 알코올에 담가 두었습니다.

- 어머니는 김치를 하신다고 배추를 소 금물에 담그셨습니다.

🐟 더우기 → 더욱이

지금보다 정도가 더하게.

🌳 내 동생은 이 일을 하기에는 나이가 어 리고, 더우기·더욱이 몸도 약합니다.

어느 낱말이 맞게 쓰여졌을까요?

- 내 동생은 이 일을 하기에는 나이가 어 리고, 더욱이 몸도 약합니다.

➡ 더욱이가 맞고 '더우기'는 틀립니다.

• 시골집으로 가는 산길은 좁은 데다 더욱이 눈까지 내려 매우 위험합니다.

• 철민이는 공부도 잘 하지만 더욱이 운동도 잘 해 인기가 많습니다.

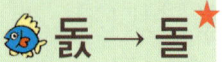 돐 → 돌 ★

어린아이가 태어난 날로부터 한 해가 되는 날.

 내 동생은 이제 겨우 두 돌·돐 이 조금 넘었습니다.

어느 낱말이 맞게 쓰여졌을까요?

• 내 동생은 이제 겨우 두 돌이 조금 넘었습니다.

➡ 돌이 맞고 '돐' 은 틀립니다.

• 영미네는 동생의 첫 돌잔치를 가까운 가족만 모시고 조용히 차린다고 합니다.

- 돌잔치 때 상 위에 실타래나 책 등을 놓고 아이에게 집게 하는 것을 돌잡이 라고 합니다.

🐟동녁 → 동녘⭐

동쪽.

🌳수련회에 왔다는 기쁨으로 밤새 놀다가 동녁 · 동녘 이 밝아올 무렵에야 잠이 들 었습니다.

어느 낱말이 맞게 쓰여졌을까요?

- 수련회에 왔다는 기쁨으로 밤새 놀다가 동녘이 밝아올 무렵에야 잠이 들었습니다.

➡ 동녘이 맞고 '동녁'은 틀립니다.

맞춤법 맛보기

- 방향이나 지역을 가리킬 때는 '녘'을 쓰고 그 외에는 '녁'을 씁니다.

- 정월 초하룻날 아침 붉은 해가 동녘 하늘에 솟아올랐습니다.

- 동녘 하늘이 다시 희뿌옇게 어두워지는 듯 하더니 이윽고 해가 뜨기 시작했습니다.

돌뿌리 → 돌부리

땅 위로 내민 돌멩이의 뾰족한 부분.

철민이는 지각을 하지 않으려고 뛰어가다 가 돌부리 · 돌뿌리 에 걸려 넘어졌습니다.

어느 낱말이 맞게 쓰여졌을까요?

- 철민이는 지각을 하지 않으려고 뛰어가다가 돌부리에 걸려 넘어졌습니다.

➡ 돌부리가 맞고 '돌뿌리'는 틀립니다.

'돌부리'의 '부리'는 식물의 뿌리를 가리키는 '뿌리'가 아니라, 물건 끝의 뾰족한 부분을 나타내는 '부리'입니다.

- 그는 친절하게 돌부리에 걸려 넘어진 할머니를 일으켜 세웠습니다.
- 어린아이는 돌부리에 걸려 넘어지더니 그만 울음을 터뜨렸습니다.

두째 → 둘째

순서가 두 번째가 되는 차례.

오늘은 둘째 · 두째 동생의 생일이라 친척들이 많이 오셨습니다.

어느 낱말이 맞게 쓰여졌을까요?

· 오늘은 둘째 동생의 생일이라 친척들이 많이 오셨습니다.

➡ 둘째가 맞고 '두째'는 틀립니다.

· 둘째가 엄마에게 야단맞고는 밖으로 나갔습니다.

· 첫째, 부모와 형들의 말을 잘 들어라. 둘째, 공부를 열심히 해라.

~동이 → ~둥이

성질이 비슷하거나 그와 관련이 있는 사람.

우리 집 귀염둥이 · 귀염동이 가 벌써 초등학생이 되었답니다.

어느 낱말이 맞게 쓰여졌을까요?

· 우리 집 귀염둥이가 벌써 초등학생이
  되었답니다.

➡ 귀염둥이가 맞고 '귀염동이'는 틀립니다.

맞춤법 맛보기

어떤 사람을 귀엽게 또는 귀하지 않게 부
를 때 '둥이'를 씁니다.
· 귀염둥이 · 막내둥이 · 해방둥이 · 바람둥이

· 영민이는 막내둥이로 온 가족의 사랑
  을 독차지하였습니다.

· 그는 소문난 바람둥이입니다.

둘러쌓여 → 둘러싸여

둥글게 에워싸다.

🌳 우리 마을은 산으로 둘러싸여 · 둘러쌓여
아늑한 느낌을 줍니다.

어느 낱말이 맞게 쓰여졌을까요?

• 우리 마을은 산으로 둘러싸여 아늑한
느낌을 줍니다.

➡ 둘러싸여가 맞고 '둘러쌓여'는 틀립니다.

• 우리나라는 삼면이 바다로 둘러싸여
있어 해산물이 풍부합니다.

• 정원은 예쁜 나무 울타리로 둘러싸여
있어 아름답습니다.

🐟 등살 → 등쌀

몹시 귀찮게 구는 짓.

🌳 모기 등살 · 등쌀 에 한숨도 못 잤습니다.

어느 낱말이 맞게 쓰여졌을까요?

• 모기 등쌀에 한숨도 못 잤습니다.

➡ 등쌀이 맞고 '등살'은 틀립니다.

• 어머니는 불량배의 등쌀에 장사를 할 수가 없다고 하십니다.

• 삼촌은 빚쟁이들 등쌀에 못 이겨 야반 도주하였습니다.

들쑥날쑥 · 들쭉날쭉

들어가고 나오고 하여 고르지 않은 모양.

🌳 운동장에 늘어선 아이들의 줄을 선 모습 이 들쑥날쑥 · 들쭉날쭉 제멋대로입니다.

어느 낱말이 맞게 쓰여졌을까요?

- 운동장에 늘어선 아이들의 줄을 선 모습이 들쑥날쑥·들쭉날쭉 제멋대로입니다.

➡ 들쑥날쑥 · 들쭉날쭉 모두 맞는 말입니다.

- 우리나라 서해안은 들쭉날쭉한 모습입니다.

- 여자가 머리를 들쑥날쑥 다듬은 모습이 오히려 자연스러워 보입니다.

떠들석하다 → 떠들썩하다

여러 사람이 큰 소리로 시끄럽게 마구 떠들다.

어머님의 생신으로 모인 친척들로 모처럼 집안이 떠들석합니다 · 떠들썩합니다 .

어느 낱말이 맞게 쓰여졌을까요?

- 어머님의 생신으로 모인 친척들로 모처럼 집안이 떠들썩합니다.

➡ 떠들썩하다가 맞고 '떠들석하다'는 틀립니다.

- 천안함 침몰 사고로 온 나라가 떠들썩합니다.

- 아기의 돌을 맞은 옆집은 밤늦게까지 떠들썩합니다.

🐟 닥다 → 닦다

때, 먼지 녹 따위의 더러운 것을 없애거나 윤기를 내려고 거죽을 문지르다.

🌳 어머니는 어린 동생이 엎지른 우유를 걸레로 깨끗이 　닦았습니다 · 닦았습니다　.

어느 낱말이 맞게 쓰여졌을까요?

> • 어머니는 어린 동생이 엎지른 우유를 걸레로 깨끗이 닦았습니다.
>
> ➡ 닦았다가 맞고 '닦았다' 는 틀립니다.

• 영미는 달리기를 한 후 손등으로 이마에 흐르는 땀을 닦았습니다.

• 아이들은 교실 유리창을 열심히 닦았습니다.

🐟 떡뽁기 → 떡볶이 ⭐

> 가래떡을 토막 내어 쇠고기와 여러 가지 채소를 넣고 양념을 하여 볶은 음식.

🌳 방과 후 영미와 나는 하굣길에 친구들과 같이 　떡볶이 · 떡뽁기　 를 사 먹었습니다.

어느 낱말이 맞게 쓰여졌을까요?

- 방과 후 영미와 나는 하굣길에 친구들과 같이 떡볶이를 사 먹었습니다.

➡ 떡볶이가 맞고 '떡뽁기'는 틀립니다.

- 엄마는 친구들이 찾아오자 매콤한 떡볶이를 만들어 주셨습니다.

- 오뎅·떡볶이·순대를 함께 넣어 범벅을 하니 정말 맛이 있었습니다.

뜨게질 → 뜨개질

> 옷이나 장갑 따위를 실이나 털실로 떠서 만드는 일.

🌳 할머니는 대바구니에 실을 담아서 하루 종일 뜨개질·뜨게질 을 하셨습니다.

어느 낱말이 맞게 쓰여졌을까요?

- 할머니는 대바구니에 실을 담아서 하루 종일 뜨개질을 하셨습니다.

➡ 뜨개질이 맞고 '뜨게질'은 틀립니다.

- 엄마는 털실로 뜨개질하여 장갑과 목도리를 만들어 주셨습니다.

- 영미는 뜨개질을 잘해 무엇이든지 예쁘게 만듭니다.

마지하다 → 맞이하다

닥쳐오는 것이나 찾아오는 것을 맞다.

우리 가족은 동해 정동진에서 새해를
마지하였습니다 · 맞이하였습니다 .

어느 낱말이 맞게 쓰여졌을까요?

- 우리 가족은 동해 정동진에서 새해를 맞이하였습니다.

➡ 맞이하였습니다가 맞고 '마지하다'는 틀립니다.

- 전학을 가자 새로운 학우들이 나를 반갑게 **맞이하였습니다**.

- 새 봄을 **맞이하여** 우리 반은 봄철 대청소를 하였습니다.

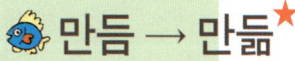 만듬 → 만듦⭐

재료를 가지고 생각한 것을 만드는 것.

 오늘도 아빠가 사 주신 조립식 로봇을 만듬 · 만듦 .

어느 낱말이 맞게 쓰여졌을까요?

- 오늘도 아빠가 사 주신 조립식 로봇을 만듦.

➡ 만듦이 맞고 '만듬'은 틀립니다.

'가다→감'이 되는 것처럼 만들다도 '만들+ㅁ'이 되어 '만듦'이 됩니다. 이 같은 예는 더 있습니다.

- 살다=살+ㅁ → 삶
- 알다=알+ㅁ → 앎
- 얼다=얼+ㅁ → 얾

- 새 규칙을 만듦.

- 버드나무 가지로 피리를 만듦.

(정답을)맞추다 → (정답을)맞히다

물음에 옳은 답을 하다.

철민이는 퀴즈 대항에 나가 많은 답을 맞혀서 · 맞쳐서 상을 받았습니다.

어느 낱말이 맞게 쓰여졌을까요?

- 철민이는 퀴즈 대항에 나가 많은 답을 맞혀서 상을 받았습니다.

➡ 맞혀서가 맞고 '맞쳐서'는 틀립니다.

'맞히다'는 '맞게 대다'의 뜻입니다. '맞추다'는 '자명종 시계를 3시에 맞게 하고 잤습니다.'에서 '맞게 하다'의 뜻입니다.

- 나는 수학 시험에서 열 문제 가운데 겨우 세 개만 맞혀서 어머니에게 야단을 맞았습니다.

- 수수께끼에 대한 답을 정확하게 맞히면 상품을 드립니다.

매마르다 → 메마르다

땅이 물기가 없고 기름지지 아니하다.

69

🌳 오랜 가뭄이 계속되어 논바닥이 　메말라
· 매말라 　쩍쩍 갈라졌습니다.

어느 낱말이 맞게 쓰여졌을까요?

• 오랜 가뭄이 계속되어 논바닥이 메말라 쩍쩍 갈라졌습니다.

➡ 메마르다가 맞고 '매마르다' 는 틀립니다.

• 가뭄으로 메마른 땅에 단비가 내려 땅을 촉촉이 적셔줍니다.

• 그는 오랜 가난 끝에 감정이 메말랐던지 봄이 와도 웃는 모습을 볼 수 없습니다.

🐟 맵씨 → 맵시

아름답고 보기 좋은 모양새.

🌳 할머니는 결혼식에 오신다고 한복으로 곱게 차려 입어 한껏 맵씨·맵시 를 부리셨습니다.

어느 낱말이 맞게 쓰여졌을까요?

- 할머니는 결혼식에 오신다고 한복으로 곱게 차려 입어 한껏 맵시를 부리셨습니다.

➡ 맵시가 맞고 '맵씨'는 틀립니다.

- 영미는 날씬하고 얼굴도 예뻐 무슨 옷을 입어도 옷맵시가 납니다.

- 할머니는 바느질을 잘하시어 옷을 맵시 있게 지으십니다.

🐟 멀지않아 → 머지않아

시간적으로 멀지 않다.

71

🌳 이제 　머지않아 · 멀지않아 　 눈이 내리겠지.

어느 낱말이 맞게 쓰여졌을까요?

· 이제 머지않아 눈이 내리겠지.

➡ 머지않아가 맞고 '멀지않아' 는 틀립니다.

맞춤법 맛보기

'머지않다' 는 시간이 오래지 않다이며, '멀지 않다' 는 거리가 멀지 않은 것을 말하며, 이때는 꼭 띄어 써야 합니다.

· 머지않아 할아버지가 도착하실 시간이 되어 마중을 나가려 합니다.

· 의학계에서는 머지않아 모든 질병이 정복될 것이라고 전망했습니다.

🐟 먼지털이 → 먼지떨이

먼지를 떠는 기구.

🌳교실의 창을 모두 열고 　먼지떨이 · 먼지털이　로 먼지를 털고 청소를 시작하였습니다.

어느 낱말이 맞게 쓰여졌을까요?

· 교실의 창을 모두 열고 먼지떨이로 먼지를 털고 청소를 시작하였습니다.

➡ 먼지떨이가 맞고 '먼지털이'는 틀립니다.

· 아빠는 형이 성적이 떨어졌다며 먼지떨이로 형의 종아리를 때렸습니다.

· 어머니께서 마트에 가서 먼지떨이를 사오라고 심부름을 시킵니다.

🐟멈쳤습니다 → 멈췄습니다

사물의 움직임이나 동작이 그치다.

🌳계속되던 장마 속에 잠시 　멈췄던 · 멈쳤던　 비가 다시 내리기 시작합니다.

어느 낱말이 맞게 쓰여졌을까요?

빨간불이니
멈추자.

• 계속되던 장마 속에 잠시 멈췄던 비가
다시 내리기 시작합니다.

➡ 멈췄던이 맞고 '멈쳤던'은 틀립니다.

맞춤법 맛보기

'멈췄다'는 '멈추었다'의 준말입니다.

• 아이들이 수군거리자 선생님은 하시던
말씀을 멈췄습니다.

• 앞에서 교통사고가 났는지 갑자기 모
든 차들이 멈췄습니다.

몇일 → 며칠 ★

그 달의 몇째 날.

영미는 며칠 · 몇일 을 심하게 앓고 나더
니 살이 많이 빠졌습니다.

어느 낱말이 맞게 쓰여졌을까요?

> • 영미는 며칠을 심하게 앓고 나더니 살이 많이 빠졌습니다.
>
> ➡ 며칠이 맞고 '몇일'은 틀립니다.

맞춤법 맛보기

> '며칠'은 '며친 날'의 준말이며 '몇일' 이란 말은 쓰지 않습니다.

• 형은 심한 독감으로 **며칠** 앓고 나더니 걷지도 못합니다.

• 지난 **며칠** 동안 계속 내리는 장맛비로 개천 물은 많이 불어 있었다.

미끌어지다 → 미끄러지다

미끄러운 곳에서 밀려 나가거나 넘어지다.

🌳 아이들은 미끄럼틀을 올라가려 했지만 물기가 있어 자꾸 미끄러졌습니다 · 미끌어졌습니다 .

어느 낱말이 맞게 쓰여졌을까요?

> · 아이들은 미끄럼틀을 올라가려 했지만 물기가 있어 자꾸 미끄러졌습니다.
>
> ➡ 미끄러졌다가 맞고 '미끌어졌다'는 틀립니다.

· 얼음판에 발이 쭉 미끄러지면서 그만 발목을 삐었습니다.

· 우리는 눈 속에서 몇 번씩이고 미끄러지고 엎어지면서 목적지에 간신히 도착했습니다.

뭉개구름 → 뭉게구름★

수직 방향으로 뭉게뭉게 피어올라 윤곽이 확실하게 나타나는 구름.

🌳 하늘 저쪽에서 　뭉개구름 · 뭉게구름　 이 피어오르고 있습니다.

어느 낱말이 맞게 쓰여졌을까요?

- 하늘 저쪽에서 뭉게구름이 피어오르고 있습니다.

➡ 뭉게구름이 맞고 '뭉개구름'은 틀립니다.

- 수평선 위로 뭉게구름 한 무더기가 탐스럽게 피어오르고 있습니다.

- 하늘을 쳐다보자 산등성 위에는 하얀 솜 같은 뭉게구름이 아름답게 피어오르고 있었습니다.

미다지 → 미닫이★

옆으로 밀어서 열고 닫는 문이나 창.

 **미다지 · 미닫이가** 덜컹대며 열리더니 웬 낯선 사람이 고개를 내밀었습니다.

어느 낱말이 맞게 쓰여졌을까요?

• 미닫이가 덜컹대며 열리더니 웬 낯선 사람이 고개를 내밀었습니다.

➡ **미닫이**가 맞고 '미다지'는 틀립니다.

맞춤법 맛보기

'미닫이'를 읽을 때는 '미다지'로 읽습니다.

• 할머니는 드르륵하고 **미닫이**를 열더니 밖을 내다보고 빙긋이 웃음을 띠셨습니다.

• 오래된 집이라 그런지 **미닫이**문이 삐걱거리며 쉽게 열리지 않았습니다.

바래다(바램) → 바라다(바람) ★

생각한 대로 이루어지기를 원하다.

🌳 어머니는 내심 아들이 하나 있었으면 하고 　바라고·바래고　 계십니다.

어느 낱말이 맞게 쓰여졌을까요?

> · 어머니는 내심 아들이 하나 있었으면 하고 바라고 계십니다.
>
> ➡ 바라다가 맞고 '바래다'는 틀립니다.

맞춤법 맛보기

마찬가지로 '자식의 건강은 부모의 바람·바램입니다.'에서도 '바람'이 맞고 '바램'은 틀립니다.

· 나는 외할머니께서 건강하게 오래오래 사시기를 바랍니다.

- 이 세상의 모든 부모는 자식이 행복하기를 바랍니다.

🐟 발자욱 → 발자국⭐

> 발로 밟은 자리에 남은 모양.

🌳 간밤에 소복이 눈이 내린 마당에는 강아지 **발자국 · 발자욱** 만이 나 있습니다.

어느 낱말이 맞게 쓰여졌을까요?

> - 간밤에 소복이 눈이 내린 마당에는 강아지 발자국만이 나 있습니다.
>
> ➡ 발자국이 맞고 '발자욱' 은 틀립니다.

- 새벽의 백사장 위에는 사람의 발자국 하나 없었다.

- 갯벌에는 수없는 발자국이 어지럽게 찍혀 있었다.

🐟 (방구를) 꾸다 → (방귀를) 뀌다

방귀를 몸 밖으로 내어 보내다.

🌳 영미는 창피하지도 않은지 여러 사람 앞
에서 방귀를 뀌었다 · 방구를 꾸었다.

어느 낱말이 맞게 쓰여졌을까요?

- 영미는 창피하지도 않은지 여러 사람
 앞에서 방귀를 뀌었다.

➡ 방귀를 뀌었다가 맞고 '방구를 꾸었다'
 는 틀립니다.

- 아침에 보리밥을 먹고 나왔더니 계속
 방귀를 뀌었습니다.

- 자기가 방귀를 뀌고 오히려 남보고 성
 을 낸다는 속담도 있습니다.

🐟 배고푸다 → 배고프다

뱃속이 비어서 음식이 먹고 싶다.

81

🌳 삼촌은 배고픈 · 베고푼 듯 밥 두 그릇을 게눈 감추듯 먹어치웠습니다.

어느 낱말이 맞게 쓰여졌을까요?

- 삼촌은 배고픈 듯 밥 두 그릇을 게눈 감추듯 먹어치웠습니다.

➡ 배고픈이 맞고 '배고푼'은 틀립니다.

- 아버지께서는 어린 시절의 배고픈 기억이 아직도 지워지지 않으신 듯합니다.

- 보육원의 아이들에게 겨울은 춥고 배고픈 계절입니다.

🐟 번번히 → 번번이★

매 때마다.

🌳 그는 번번이 · 번번히 약속을 어기면서 이런저런 변명을 늘어놓습니다.

어느 낱말이 맞게 쓰여졌을까요?

- 그는 번번이 약속을 어기면서 이런저런 변명을 늘어놓습니다.

➡ 번번이가 맞고 '번번히'는 틀립니다.

- 삼촌은 필기 시험에서는 합격을 하면서 면접에서는 번번이 떨어졌습니다.

- 철민이는 엄마에게 용돈을 올려달라고 하였지만 번번이 거절당하였습니다.

벌레 · 버러지★

곤충을 비롯하여 기생충과 같은 하등 동물을 통틀어 이르는 말.

🌳 창밖에는 어느 새 가을을 알리는 벌레 · 버러지 의 울음소리가 들려왔습니다.

어느 낱말이 맞게 쓰여졌을까요?

- 창밖에는 어느 새 가을을 알리는 벌레
  · 버러지의 울음소리가 들려왔습니다.

➡ 벌레 · 버러지 모두 맞는 말입니다.

- 버러지한테 물린 데가 여기저기 가렵습니다.

- 시골 외가에는 밤이 되면 개똥벌레들이 어둠 속에 유성처럼 빛을 내며 날아다닙니다.

🐟 벼개 → 베개 ⭐

잠을 자거나 누울 때에 머리를 괴는 물건.

🌳 할아버지는 높은 [벼개 · 베개] 를 베고 주무십니다.

어느 낱말이 맞게 쓰여졌을까요?

> • 할아버지는 높은 베개를 베고 주무십니다.
>
> ➡ 베개가 맞고 '벼개'는 틀립니다.

• 형은 아직도 어머니의 무릎을 베개 삼아 잠자는 것이 버릇이 되었습니다.

• 옥이는 피곤한 오빠를 보면서 베개를 내려 오빠의 머리 밑에 괴어 주었습니다.

🐟 벼란간 → 별안간⭐

갑작스럽고 아주 짧은 동안.

🌳 맑았던 날씨가 [벼란간 · 별안간] 난데없는 벼락과 함께 비바람이 몰아칩니다.

어느 낱말이 맞게 쓰여졌을까요?

- 맑았던 날씨가 **별안간** 난데없는 벼락과 함께 비바람이 몰아칩니다.

➡ **별안간**이 맞고 '벼란간' 은 틀립니다.

- 나는 **별안간** 무서운 생각이 들어 벌떡 일어나고 말았습니다.

- 차에서 내리자 **별안간** 쏟아지는 소나기에 옷을 적시고 말았습니다.

부비다 → 비비다

두 물체를 맞대어 문지르다.

어느 나라에서는 서로 코를 **부비면서 · 비비면서** 인사하는 것이 전통적인 인사법입니다.

어느 낱말이 맞게 쓰여졌을까요?

- 어느 나라에서는 서로 코를 비비면서 인사하는 것이 전통적인 인사법입니다.

➡ 비비다가 맞고 '부비다'는 틀립니다.

- 산 속에서 길을 잃은 두 사람은 서로 몸을 비비면서 추위를 참고 있었습니다.

- 나는 옷에 묻은 흙을 비벼서 털었습니다.

부억 → 부엌[★]

음식을 만드는 곳.

 식사를 마치자 어머니는 부엌·부억 으로 가서 설거지를 하셨습니다.

어느 낱말이 맞게 쓰여졌을까요?

- 식사를 마치자 어머니는 부엌으로 가서 설거지를 하셨습니다.

➡ 부엌이 맞고 '부억'은 틀립니다.

- 학교에서 돌아오자 그는 맛있는 냄새에 이끌려 **부엌**으로 들어섰습니다.

- **부엌**에서 그릇을 달칵이는 소리에 아침 일찍 잠이 깨었습니다.

비들기 → 비둘기

비둘깃과에 속하는 새의 총칭으로, 여러 종류가 있으며 성질이 순하고 길들이기가 쉬워 옛날에는 통신에 이용하기도 하였습니다.

비들기 · 비둘기 가 날개를 퍼덕거리며 하늘 높이 날아올랐습니다.

어느 낱말이 맞게 쓰여졌을까요?

- 비둘기가 날개를 퍼덕거리며 하늘 높이 날아올랐습니다.

➡ 비둘기가 맞고 '비들기'는 틀립니다.

- 비둘기는 하늘을 낮게 원을 그리며 비행한 뒤 가볍게 내려앉았습니다.

- 마술사는 비둘기에 마술을 걸어 아름다운 꽃으로 만들었습니다.

빛갈 → 빛깔★

물체가 빛을 받을 때 빛의 파장에 따라 그 겉에 나타나는 빛.

 영미는 오늘따라 빛갈 · 빛깔 이 요란한 옷을 입고 등교하였습니다.

어느 낱말이 맞게 쓰여졌을까요?

- 영미는 오늘따라 빛깔이 요란한 옷을 입고 등교하였습니다.

➡ 빛깔이 맞고 '빛갈'은 틀립니다.

- 저녁 노을이 비친 호수는 온통 붉은 빛깔을 띠고 있었습니다.

- 가을이 깊어지자 나뭇잎들은 붉고 노란 빛깔로 옷을 갈아입었습니다.

🐟 빨게져서 → 빨개져서

빨갛게 되는 것.

🌳 철민에게서 예쁜 장갑을 받아 든 영희의 얼굴은 금세 **빨개졌습니다 · 빨게졌습니다** .

어느 낱말이 맞게 쓰여졌을까요?

- 철민에게서 예쁜 장갑을 받아든 영희의 얼굴은 금세 빨개졌습니다.

➡ **빨개져서**가 맞고 '빨게져서' 는 틀립니다.

- 약속 장소에 먼저 온 영미는 얼굴이 빨개져서 철민이를 쳐다보았습니다.

- 추운 날씨 때문인지 집으로 달려온 영수의 얼굴은 빨개져 있었습니다.

🐟 살고기 → 살코기★

순 살로만 된 고기.

🌳 어머니는 정육점에서 살고기 · 살코기 로 한 근 사오라고 하셨습니다.

어느 낱말이 맞게 쓰여졌을까요?

- 어머니는 정육점에서 살코기로 한 근 사오라고 하셨습니다.

➡ 살코기가 맞고 '살고기'는 틀립니다.

- 어머니는 연한 **살코기**를 잘게 칼질한 다음 갖가지 양념을 넣어 요리를 하셨습니다.

- 우리는 순 **살코기**로 만든 쇠고기 탕수육을 시켜 맛있게 먹었습니다.

🐟 서두르다 · 서둘다

일을 빨리 해치우려고 급하게 바삐 움직이다.

🌳 아버지는 **서두르지 · 서둘지** 않으면 기차 시간에 늦겠다고 엄마를 채근하였습니다.

어느 낱말이 맞게 쓰여졌을까요?

- 아버지는 서두르지 · 서둘지 않으면 기차 시간에 늦겠다고 엄마를 채근하였습니다.

➡ 서두르지 · 서둘지 모두 맞는 말입니다.

'서둘지'는 '서두르지'의 준말입니다.

• 이번 추석 때의 귀성표는 서둘러 예매 하지 않으면 매진될 것이라고 합니다.

• 날이 어둡기 전에 떠날 채비를 서두르 는 것이 좋겠습니다.

섯달 → 섣달 ★

음력으로 한 해의 마지막 달.

음력 섯달·섣달 그믐이 내일모레라서 그런지 동네는 늦게까지 떠드는 소리로 시끄럽습니다.

어느 낱말이 맞게 쓰여졌을까요?

• 음력 섣달 그믐이 내일모레라서 그런지 동네는 늦게까지 떠드는 소리로 시끄럽 습니다.

➡ 섣달이 맞고 '섯달'은 틀립니다.

• 참고로 우리말의 날짜는 다음과 같이 씁니다.

1일 → 초하루. 2일 → 초이틀. 3일 →초사흘. 4일 → 초나흘. 5일 → 초닷새. 6일 → 초엿새. 7일 → 초이레. 8일 → 초여드레. 9일 → 초아흐레. 10일 → 열흘. 11일 → 열하루. 12일 → 열이틀. 13일 → 열사흘. 14일 → 열나흘. 15일 →열닷새. 16일 → 열엿새. 17일 → 열이레. 18일 → 열여드레. 19일 → 열아흐레. 20일 → 스무날. 21일 → 스무하루. 22일 → 스무이틀. 23일 → 스무사흘. 24일 → 스무나흘. 25일 → 스무닷새. 26일 → 스무엿새. 27일 → 스무이레. 28일 → 스무여드레. 29일 → 스무아흐레. 30일 → 그믐날.

• 월을 다르게 부르는 말만 쓰면 다음과 같습니다.

1월 → 정월. 10월 → 시월. 11월 → 동짓달. 12월 → 섣달. 5·6월 → 오뉴월. 11·12월 → 동지섣달.

- 섣달 그믐이 영민이의 생일날이라고 합니다.

- 섣달 그믐날 방앗간은 떡을 찧는 사람들로 붐비었습니다.

소꼽놀이 → 소꿉놀이

소꿉을 가지고 노는 아이들의 놀이.

 어린아이들이 놀이터에 모여 앉아 소꼽놀이·소꿉놀이 를 하고 있습니다.

어느 낱말이 맞게 쓰여졌을까요?

- 어린아이들이 놀이터에 모여 앉아 소꿉놀이를 하고 있습니다.

➡ 소꿉놀이가 맞고 '소꼽놀이'는 틀립니다.

- 어린아이들이 부부처럼 소꿉놀이하는 것이 앙증스러웠습니다.

- 놀이터 한구석에는 동갑 또래의 어린이들이 어울려 소꿉놀이하며 시간 가는 줄 모릅니다.

🐟 소고기 · 쇠고기 ⭐

소의 고기.

🌳 어머니는 푸줏간에 들러 쇠고기 · 소고기 두 근을 사 가지고 오셨습니다.

어느 낱말이 맞게 쓰여졌을까요?

- 어머니는 푸줏간에 들러 쇠고기 · 소고기 두 근을 사 가지고 오셨습니다.

➡ 쇠고기 · 소고기 모두 맞는 말입니다.

- 요즈음은 수입 쇠고기가 한우보다 훨씬 싸서 너도나도 수입 소고기를 먹습니다.

• 숯불 위의 쇠고기가 맛있게 익습니다.

숫소 → 수소 ★

소의 수컷.

🌳 수소 · 숫소 는 어린 송아지를 머리로 받는 시늉을 하여 쫓아 버립니다.

어느 낱말이 맞게 쓰여졌을까요?

• 수소는 어린 송아지를 머리로 받는 시늉을 하여 쫓아 버립니다.

➡ 수소가 맞고 '숫소'는 틀립니다.

맞춤법 맛보기

성(남 · 여)을 나타내는 '수'와 '암'을 넣어 만드는 낱말은 많이 혼동됩니다. 이 두 낱자를 넣어 만들어진 낱말만 몇 가지 아래에 보입니다.

97

수로 쓰는 말
· 수캐 · 수캉아지 · 수탉 · 수평아리 · 수
퇘지 · 수컷 · 수꿩 · 수놈 · 수소 · 수벌
숫으로 쓰는 낱말
· 숫양 · 숫염소 · 숫쥐

• **수소**는 황소라고도 부릅니다.

• **수소**는 암소에 비해 몸집이 큽니다.

🐟 씨래기 → 시래기

무청이나 배추의 잎을 말린 것.

🌳 **씨래기 · 시래기** 의 영양가가 인정되면서 농가의 새로운 소득원이 되었습니다.

어느 낱말이 맞게 쓰여졌을까요?

· 시래기의 영양가가 인정되면서 농가의 새로운 소득원이 되었습니다.

➡ 시래기가 맞고 '씨래기'는 틀립니다.

· 농촌에는 집집마다 **시래기**를 말려 놓은 집이 많았습니다.

· **시래기**는 외국에까지 수출하는 효자 작물이 되었습니다.

🐟 **시늉말 · 흉내말** ★

어떠한 사물이나 현상의 소리 · 모양 · 동작 따위를 흉내 내는 말.

🌳 개그맨은 다른 사람의 **시늉말 · 흉내말** 을 잘 합니다.

어느 낱말이 맞게 쓰여졌을까요?

· 개그맨들은 다른 사람의 시늉말·흉내
말을 잘 합니다.

➡ 시늉말·흉내말 모두 맞는 말입니다.

· 요즈음은 개인기로 동물의 흉내말을
하는 사람이 많습니다.

· 우리말은 시늉말이 매우 발달되어 있
습니다.

실증 → 싫증

싫은 생각이나 느낌.

성수는 공부하는 것이 실증·싫증 이 났
던지 몸을 비비꼬며 안달을 부렸습니다.

어느 낱말이 맞게 쓰여졌을까요?

• 성수는 공부하는 것이 싫증이 났던지 몸을 비비꼬며 안달을 부렸습니다.

➡ 싫증이 맞고 '실증'은 틀립니다.

• 삼촌은 일을 시작한지 석 달쯤 되서 싫증을 내기 시작하더니 마침내 일을 그만두셨습니다.

• 철민이는 어떻게 된 셈인지 똑같은 소리를 싫증도 안 내고 되풀이 하고 있습니다.

애기 → 아기★

어린 젖먹이 아이.

🌳 울던 아기 · 애기 는 엄마를 보자 반색을 하며 웃습니다.

어느 낱말이 맞게 쓰여졌을까요?

- 울던 아기는 엄마를 보자 반색을 하며 웃습니다.

➡ 아기가 맞고 '애기'는 틀립니다.

- 작년에 시집간 언니가 어제 예쁜 여자 아기를 낳았다고 합니다.

- 아기가 나를 보더니 귀엽게 웃습니다.

아지랭이 → 아지랑이 ★

봄날 햇빛에 공기가 공중에서 아른아른 움직이는 현상.

 마을로 향한 길에 아지랭이 · 아지랑이 가 피어 오릅니다.

어느 낱말이 맞게 쓰여졌을까요?

- 마을로 향한 길에 아지랑이가 피어 오릅니다.

➡ 아지랑이가 맞고 '아지랭이'는 틀립니다.

• 봄은 아지랑이와 함께 오는 모양입니다.

• 아지랑이 아롱아롱 피어오르는 언덕에 개나리와 진달래가 만발합니다.

안 되요 → 안 돼요

일이나 현상 따위가 좋게 이루어지지 않다.

반찬을 가려 먹으면 안 돼요 · 안 되요 .

어느 낱말이 맞게 쓰여졌을까요?

• 반찬을 가려 먹으면 안 돼요.

➡ 안 돼요가 맞고 '안 되요'는 틀립니다.

• 아무리 친한 친구라도 그의 말만 옳다고 하면 안 돼요.

• 부모님의 말씀을 한 귀로 흘려들으면 안 돼요.

않 먹어 → 안 먹어

'아니 먹어'의 줄임말.

🌳 하루 종일 아무 것도 `안 먹어 · 않 먹어`
지금 속이 텅 비어 있는 상태입니다.

어느 낱말이 맞게 쓰여졌을까요?

> • 하루 종일 아무 것도 안 먹어 지금 속
> 이 텅 비어 있는 상태입니다.
>
> ➡ 안 먹어가 맞고 '않 먹어'는 틀립니다.

맞춤법 맛보기

> '않'은 아니하다에서 '아니하'의 준말
> 이며, '안'은 '아니'의 준말입니다.

• 형은 고기 반찬이 아니면 안 먹어요

• 돼지는 잡식성 동물이라 안 먹는 것이
없습니다.

→ 안성맞춤 ★

생각한 대로 잘된 물건을 비유적으로 이르는 말.

🌳 이 작은 방은 내가 공부하기에는 안성마춤 · 안성맞춤 입니다.

어느 낱말이 맞게 쓰여졌을까요?

• 이 작은 방은 내가 공부하기에는 안성맞춤입니다.

➡ 안성맞춤이 맞고 '안성마춤' 는 틀립니다.

- 어머니는 집 뒤의 언덕이 가벼운 운동을 하기에는 안성맞춤이라고 하십니다.

- 학교 뒷산은 아이들이 술래잡기를 하기에 안성맞춤입니다.

🐟 알맞는 → 알맞은

일정한 기준이나 조건 등이 넘치거나 모자라지 아니한 것.

🌳 이 글의 제목으로 **알맞는·알맞은** 것을 고르시오.

어느 낱말이 맞게 쓰여졌을까요?

- 이 글의 제목으로 알맞은 것을 고르시오.

➡ 알맞은이 맞고 '알맞는' 은 틀립니다.

- 오늘 같이 맑고 청명한 날씨는 나들이하기에 알맞은 날씨입니다.

- 건강을 위하여 알맞은 운동을 찾아서 하는 것이 중요합니다.

🐟 알아맞추다 → 알아맞히다

요구되거나 기대되는 답을 알아서 맞게 하다.

🌳 선생님은 우리의 말이 거짓이라는 것을 잘도 알아맞히십니다 · 알아맞추십니다 .

어느 낱말이 맞게 쓰여졌을까요?

> • 선생님은 우리의 말이 거짓이라는 것을 잘도 알아맞히십니다.
>
> ➡ 알아맞히다가 맞고 '알아맞추다'는 틀립니다.

• 어머니는 사람의 얼굴을 보고 그 사람의 나이를 알아맞힙니다.

• 철민이는 수수께끼 문제를 신기하게 잘도 알아맞힙니다.

🐟 얘 → 애(아이)★

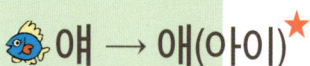

'아이' 의 준말

107

"얘 · 애야." 하는 소리에 돌아보니 할머니가 짐을 들고 나를 부르고 계십니다.

어느 낱말이 맞게 쓰여졌을까요?

- "얘야." 하는 소리에 돌아보니 할머니가 짐을 들고 나를 부르고 계십니다.
➡ 얘가 맞고 '애'는 틀립니다.

맞춤법 맛보기

'애'는 '아이'의 준말입니다. 이와 혼동하기 쉬운 말로 '얘'가 있습니다. '얘'는 '이 아이'의 준말입니다.

- 울고 있던 애가 엄마를 보자 활짝 웃습니다.

- 그 애가 모르고 그랬으니 심하게 야단치지 마세요.

연거퍼 → 연거푸

잇따라 여러 번 되풀이하여.

108

🌳 아저씨는 무슨 생각이 많으신지 담배를 연거퍼 · 연거푸 피고 있습니다.

어느 낱말이 맞게 쓰여졌을까요?

> • 아저씨는 무슨 생각이 많으신지 담배를 연거푸 피고 있습니다.
>
> ➡ 연거푸가 맞고 '연거퍼'는 틀립니다.

• 형은 감기에 걸렸는지 연거푸 재채기를 합니다.

• 부엌에서 매콤한 냄새가 나더니 그녀는 연거푸 기침을 합니다.

🐟 어저께 · 어제⭐

오늘의 바로 하루 전날.

🌳 어저께 · 어제 가 어머니의 생신이었는데 까맣게 잊고 있었어요.

109

어느 낱말이 맞게 쓰여졌을까요?

• 어저께 · 어제가 어머니의 생신이었는데 까맣게 잊고 있었어요.

➡ 어저께 · 어제 모두 맞는 말입니다.

• 어제도 비가 내렸는데 오늘도 비는 그 치지 않습니다.

• 어저께 본 국어 시험은 너무 실수를 많이 했습니다.

엇그제 → 엊그제

'엊그저께'의 준말.

아빠는 지난 학창 시절이 엇그제 · 엊그 제 같다고 입버릇처럼 말합니다.

어느 낱말이 맞게 쓰여졌을까요?

- 아빠는 지난 학창 시절이 엊그제 같다고 입버릇처럼 말하십니다.

➡ 엊그제가 맞고 '엇그제'는 틀립니다.

- 그는 엊그제 길에서 뵌 분 같습니다.
- 엊그제 한 것 같은 청소 당번이 벌써 돌아왔습니다.

영글다 → 여물다★

과실이나 곡식 따위가 알이 들어 잘 익다.

가을이 깊어지자 과일과 곡식이 영글어 · 여물어 갔습니다.

어느 낱말이 맞게 쓰여졌을까요?

- 가을이 깊어지자 과일과 곡식이 여물어 갔습니다.

➡ 여물어는 맞고 영글다는 틀립니다.

- 올해는 곡식이 알차게 **여물어** 풍년이 들 것 같습니다.

- 알갱이가 잘 **여문** 옥수수를 따다가 삶 아먹거나 구워 먹기도 하였습니다.

이쁘다 → 예쁘다 ★

모양이 작거나 섬세하여 눈으로 보기에 좋다.

웃을 때마다 보조개가 생기는 동생의 모습이 **예쁘다 · 이쁘다** .

어느 낱말이 맞게 쓰여졌을까요?

- 웃을 때마다 보조개가 생기는 동생의 모습이 예쁘다.

➡ 예쁘다가 맞고 '이쁘다'는 틀립니다.

- 영미는 얼굴보다 마음씨가 더욱 예쁘다.

- 영어 선생님은 바비 인형처럼 예쁩니다.

오뚜기 → 오뚝이 *

밑을 무겁게 하여 아무렇게나 굴려도 오뚝오뚝 일어서는 장난감.

오뚜기 · 오뚝이 는 아무리 쓰러뜨려도 잘도 일어납니다.

어느 낱말이 맞게 쓰여졌을까요?

- 오뚝이는 아무리 쓰러뜨려도 잘도 일어납니다.

➡ 오뚝이가 맞고 '오뚜기'는 틀립니다.

- 한 번 실패했다고 실망하지 말고 오뚝이처럼 다시 일어서서 새로 시작해 보세요.

- 그는 넘어져도 오뚝이처럼 다시 일어서서 또 달렸습니다.

오랫만에 → 오랫동안 · 오랜만에

'오래간만'의 준말.

오랫만에 · 오랫동안 · 오랜만에 본 때문인지 그와의 기억이 선명히 떠오르지 않는다.

어느 낱말이 맞게 쓰여졌을까요?

- 오랜만에 본 때문인지 그와의 기억이 선명히 떠오르지 않는다.

➡ 오랫동안 · 오랜만에가 맞고 '오랫만에'는 틀립니다.

맞춤법 맛보기

'오랫동안'은 '오랜 동안'으로 띄어 써야 맞습니다.

- 오랫동안에 산에 오르니 기분이 다 상쾌해지는 것 같아요.

- 며칠간 계속되던 장마가 걷히고 오랜만에 햇빛이 들었습니다.

옳바르다 → 올바르다

말이나 생각, 행동 따위가 옳고 바르다.

그는 선생님 말씀을 잘 듣고 올바르게 · 옳바르게 행동해 왔습니다.

어느 낱말이 맞게 쓰여졌을까요?

- 그는 선생님 말씀을 잘 듣고 올바르게 행동해 왔습니다.

➡ 올바르게가 맞고 '옳바르게'는 틀립니다.

- 학교 교육은 올바른 사람을 만들기 위한 것입니다.

- 그는 사람됨이 올바라서 거짓말을 하지 않을 것 같습니다.

115

우뢰 → 우레

뇌성과 번개를 동반하는 대기 중의 방전 현상으로 주로 여름 장마철에 많이 일어납니다.

김연아 선수가 어려운 묘기를 할 때마다 관중석에서 **우레·우뢰** 와 같은 갈채가 쏟아졌습니다.

어느 낱말이 맞게 쓰여졌을까요?

> • 김연아 선수가 어려운 묘기를 할 때마다 관중석에서 우레와 같은 갈채가 쏟아졌습니다.
>
> ➡ 우레가 맞고 '우뢰'는 틀립니다.

• 할머니는 전쟁 중의 포 소리가 꼭 우레 소리 같았다고 합니다.

• 비는 계속 그칠 줄을 모르고, 마침내 우레와 번개까지 몰고 왔습니다.

으례 → 으레

두말할 것 없이 당연히.

🌳 그는 방과 후에는 으레 · 으례 친구들과 함께 게임방으로 달려가곤 했습니다.

어느 낱말이 맞게 쓰여졌을까요?

> · 그는 방과 후에는 으레 친구들과 함께 게임방으로 달려가곤 했습니다.
>
> ➡ 으레가 맞고 '으례'는 틀립니다.

· 어머니는 봄이면 으레 봄나물을 캐러 이웃집 아주머니들과 산에 가십니다.

· 동생은 자고 깨면 으레 엄마를 찾습니다.

욕심꾸러기 · 욕심쟁이★

욕심이 많은 사람을 낮잡아 이르는 말.

🌳 내 동생은 세상에 둘도 없는 욕심꾸러기 · 욕심쟁입니다 .

어느 낱말이 맞게 쓰여졌을까요?

> • 내 동생은 세상에 둘도 없는 욕심꾸러기 · 욕심쟁입니다.
>
> ➡ 욕심꾸러기 · 욕심쟁이 모두 맞는 말입니다.

• 그에게 욕심꾸러기라는 말은 그냥 붙여진 이름이 아닙니다.

• 욕심쟁이는 그 욕심 때문에 모든 것을 잃기 쉽습니다.

🐟 ~이였다 → ~이었다

'~이다'의 과거형.

🌳 그의 집은 얼마나 가난하였던지 반찬이라고는 김치가 고작 이었다 · 이였다 .

어느 낱말이 맞게 쓰여졌을까요?

> • 그의 집은 얼마나 가난하였던지 반찬이
> 라고는 김치가 고작이었습니다.
>
> ➡ 이었습니다가 맞고 '이였습니다'는 틀
> 립니다.

맞춤법 맛보기

이와 비슷한 말로 다음의 몇 가지 예가 있
습니다.
- 녹이+었다 → 녹이었다(○) 녹이였다(X)
- 업히+었다 → 업히었다(○) 업히였다(X)
- 굴리+었다 → 굴리었다(○) 굴리였다(X)
- 잡히+었다 → 잡히었다(○) 잡히였다(X)

• 철민이는 반에서 성적이 중위권이나 영미는 상위권이었습니다.

• 그 강은 물이 맑고 아름다운 동강이었습니다.

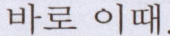 이제 · 인제

바로 이때.

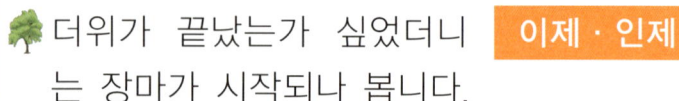 더위가 끝났는가 싶었더니 이제 · 인제 는 장마가 시작되나 봅니다.

어느 낱말이 맞게 쓰여졌을까요?

• 더위가 끝났는가 싶었더니 이제 · 인제 장마가 시작되나 봅니다.

➡️ 이제 · 인제 모두 맞는 말입니다.

• 철민이는 이제 며칠 후면 초등학교 졸업이라고 마음이 들떠 있습니다.

• 오전 내내 흐렸던 날이 인제는 햇볕이 쨍쨍 내리쬡니다.

🐟 자그만치 → 자그마치

예상보다 훨씬 많이, 또는 적지 않게.

🌳 할머니께서는 독감에 걸려 **자그마치 · 자 그만치** 일주일을 병원에 앓아누워 계셨 습니다.

어느 낱말이 맞게 쓰여졌을까요?

- 할머니께서는 독감에 걸려 자그마치 일 주일을 병원에 앓아누워 계셨습니다.

➡ 자그마치가 맞고 '자그만치'는 틀립니다.

- 아버지는 고향을 떠나온지 자그마치 삼십 년이 넘었다고 하십니다.
- 영미네 가족은 자그마치 열 명이나 된 다고 합니다.

🐟 재털이 → 재떨이

담뱃재를 떨어 놓는 그릇.

🌳 새해를 맞아 금연을 결심한 아빠는 재털이·재떨이 까지 없애 버렸습니다.

어느 낱말이 맞게 쓰여졌을까요?

> • 새해를 맞아 금연을 결심한 아빠는 재떨이까지 없애 버렸습니다.
>
> ➡ 재떨이가 맞고 '재털이'는 틀립니다.

• 할아버지께서는 담뱃대를 재떨이에 탕 탕 터셨습니다.

• 삼촌은 무엇에 화가 났는지 재떨이에 담배를 짓눌러 껐습니다.

🐟 조그만 → 조그마한

조금 작거나 적다.

🌳 조그만·조그마한 종이 상자에는 처음 보는 예쁜 인형이 들어 있습니다.

어느 낱말이 맞게 쓰여졌을까요?

- 조그마한 종이 상자에는 처음 보는 예쁜 인형이 들어 있습니다.

➡ 조그마한이 맞고 '조그만'은 틀립니다.

- 어촌 분교의 조그마한 교실에는 일곱여덟 개의 책상이 가지런히 놓여 있었습니다.

- 동생은 조그마한 일에도 삐져서 울음을 터뜨립니다.

조이다 · 죄다

느슨하거나 헐거운 것을 단단하거나 팽팽하게 하다.

🌳 살이 쪘는지 작년에 입던 바지는 허리가
  조여서 · 죄어서 입지 못하겠어요.

어느 낱말이 맞게 쓰여졌을까요?

- 살이 쪘는지 작년에 입던 바지는 허리가 조여서 · 죄어서 입지 못하겠어요.

➡ 조여서 · 죄어서 모두 맞는 말입니다.

맞춤법 맛보기

조여서 · 죄어서는 모두 '조이어서'의 준말입니다.

- 어머니는 가슴을 죄며 합격자 명단을 보았습니다.

- 운동복 바지에 고무줄이 조여서 허리가 아프다.

졸립다 → 졸리다

자고 싶은 느낌이 들다.

밥을 먹고 나니 졸린다 · 졸립다 .

어느 낱말이 맞게 쓰여졌을까요?

• 밥을 먹고 나니 졸리다.

➡ 졸리다가 맞고 '졸립다'는 틀립니다.

• 감기가 들어서 왼종일 졸린 것 같다.

• 그의 눈은 늘 졸린 듯 거슴츠레 풀려 있다.

🐟 찌게 → 찌개 ⭐

뚝배기나 작은 냄비에 국물을 넣어 고기·채소 따위를 넣고, 된장·고추장 등의 갖은 양념을 하여 끓인 반찬.

🌳 할머니께서 끓여주시는 된장 `찌게·찌개` 는 언제 먹어도 항상 똑같은 맛입니다.

어느 낱말이 맞게 쓰여졌을까요?

• 할머니께서 끓여주시는 된장찌개는 언제 먹어도 항상 똑같은 맛입니다.

➡ 찌개가 맞고 '찌게'는 틀립니다.

엄마가 끓여주는 '찌게'는 맛있어요.

'찌게'가 아니라 ' 찌개'가 맞는말이야.

맞춤법 맛보기

~게와 ~개는 혼동이 많이 되는 말입니다. '개'와 '게'가 붙는 말을 좀더 보면 다음과 같습니다.

- 개 : 가리개 · 깔개 · 날개 · 덮개 · 베개 · 지우개
- 게 : 뜯게 · 족집게 · 지게 · 집게

- 어머니는 여러 가지 재료를 마구 섞어서 찌개를 끓이셨는데 맛이 좋았습니다.

- 엄마는 밤늦게 들어오신 아빠를 위해 찌개를 데우고 밥상을 차렸습니다.

채 → ~째

지난 밤 때 아닌 돌풍으로 뿌리 **채 · 째**
뽑힌 가로수들이 길에 쓰러져 있습니다.

어느 낱말이 맞게 쓰여졌을까요?

• 지난 밤 때 아닌 돌풍으로 뿌리째 뽑힌
  가로수들이 길에 쓰러져 있습니다.

➡ ~째가 맞고 '채'는 틀립니다.

맞춤법 맛보기

'~째'는 그대로 · 통째로의 뜻이 있습니다.
• 그릇째 가져가라.
• 사과를 껍질째 먹어라.
• 호박이 덩굴째 굴러 들어왔다.
  '채'는 어떤 상태가 계속된 대로 '그냥'
  의 뜻을 지니고 있습니다.
• 그는 곤해서 옷을 입은 채 잤다.
• 노루를 산 채 잡았다.

- 아빠는 영양분이 많다며 새우를 껍질 째 잡수셨습니다.

- 어젯밤에 사무실에 도둑이 들어 금고를 통째로 들어갔다고 합니다.

진눈개비 → 진눈깨비★

비가 섞여 내리는 눈.

 어제부터 진눈개비 · 진눈깨비 라도 내릴 것 같던 음산한 날씨가 오늘은 말끔히 개었습니다.

어느 낱말이 맞게 쓰여졌을까요?

- 어제부터 진눈깨비라도 내릴 것 같던 음산한 날씨가 오늘은 말끔히 개었습니다.
➡ 진눈깨비가 맞고 '진눈개비'는 틀립니다.

- 하루 종일 진눈깨비가 질척질척 내립니다.

- 어제만 해도 화창한 날씨였는데 갑자기 기온이 내려 진눈깨비가 내립니다.

찔래꽃 → 찔레꽃★

찔레나무의 꽃.

찔레꽃 · 찔래꽃 이 담장을 따라 빨갛게 피었습니다.

어느 낱말이 맞게 쓰여졌을까요?

- 찔레꽃이 담장을 따라 빨갛게 피었습니다.

➡ 찔레꽃이 맞고 '찔래꽃'은 틀립니다.

- 찔레꽃은 보통 초여름에 피어서 가을에 빨간 열매를 맺습니다.

- 찔레꽃이 필 때면 서울 간 누이가 생각납니다.

🐟 채이다 → 차이다

'차다' 의 피동사.

🌳 축구를 하던 철민이는 상대편 선수에게 정 강이를 **차여 · 채여** 부상을 당했습니다.

어느 낱말이 맞게 쓰여졌을까요?

• 축구를 하던 철민이는 상대편 선수에게 정강이를 차여 부상을 당했습니다.

➡ 차여가 맞고 '채여'는 틀립니다.

• 그의 발길질에 차인 공은 멀리 운동장 밖으로 날아가 버렸습니다.

• 주인의 발길에 차인 개는 깨갱거리며 달아났습니다.

🐟 차잔 → 찻잔⭐

차를 따라 마시는 잔.

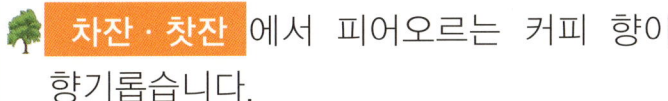 **차잔 · 찻잔**에서 피어오르는 커피 향이 향기롭습니다.

어느 낱말이 맞게 쓰여졌을까요?

- 찻잔에서 피어오르는 커피 향이 향기롭습니다.

➡ **찻잔**이 맞고 '차잔'은 틀립니다.

맞춤법 맛보기

이는 '차잔'에 사이시옷(ㅅ)이 들어가 '찻잔'이 된 것입니다. 사이 시옷이 들어가 쓰이고 있는 예는 많습니다.

- 나룻배 · 나뭇가지 · 냇가 · 모깃불 · 바닷가 · 뱃길 · 아랫집 · 조갯살 · 아랫니 · 아랫마을 · 잇몸 · 냇물 · 빗물 · 나뭇잎 · 샛강 · 전셋집 · 제삿날

- 의자가 넘어지는 바람에 그만 탁자 위의 **찻잔**이 쓰러졌습니다.

- 언니는 쟁반에 **찻잔**을 받쳐 들고 정원으로 나왔습니다.

🐟 챙피 → 창피 ⭐

체면 깎일 일을 당하여 부끄러움.

🌳 나는 친구에게 집에서 있었던 일을 `창피` · `챙피` 하여 말할 수가 없었다.

어느 낱말이 맞게 쓰여졌을까요?

> • 나는 친구에게 집에서 있던 일을 창피 하여 말할 수가 없었다.
>
> ➡ 창피가 맞고 '챙피'는 틀립니다.

• 수업 시간에 참고 있던 방귀를 뀌어 무척 창피하였다.

• 나보다 어린 아이에게 달리기에서 졌 다는 것이 몹시 창피하였습니다.

🐟 천정 → 천장 ⭐

방의 윗부분. 즉 반자의 겉 면.

🌳 꾸중을 들은 철민이는 물끄러미 천장 · 천정 만 올려다보고 있었다.

어느 낱말이 맞게 쓰여졌을까요?

- 꾸중을 들은 철민이는 물끄러미 천장만 올려다보고 있었다.

➡ 천장이 맞고 '천정'은 틀립니다.

- 불이 켜진 천장은 어둠에 가려 있었다.

- 지붕이 낡아서 비가 오면 목욕탕의 천장에 물방울이 송골송골 맺혀 있습니다.

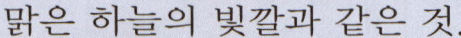 푸르른 → 푸른

맑은 하늘의 빛깔과 같은 것.

 **푸르른 · 푸른** 하늘에 잠자리가 한가로이 날고 있습니다.

어느 낱말이 맞게 쓰여졌을까요?

> • 푸른 하늘에 잠자리가 한가로이 날고 있습니다.
>
> ➡ 푸른이 맞고 '푸르른'은 틀립니다.

맞춤법 맛보기

> '푸른'의 기본 형태는 '푸르르다'가 아니라 '푸르다'입니다. 따라서 '푸른'이 맞습니다.

• 푸른 바다와 푸른 하늘이 맞닿은 수평선 위로는 뭉게구름이 피어오릅니다.

• 대관령의 푸른 목장에서는 젖소들이 한가하게 풀을 뜯고 있었습니다.

풋나기 → 풋내기 ⭐

경험이 없어서 일에 서투른 사람.

🌳 나는 네가 이 일에 **풋내기·풋나기** 인 줄 알았더니 경험이 많구나.

어느 낱말이 맞게 쓰여졌을까요?

> • 나는 네가 이 일에 풋내기인 줄 알았더니 경험이 많구나.
>
> ➡ 풋내기가 맞고 '풋나기'는 틀립니다.

• 삼촌은 이번에 공장에 풋내기 공원을 몇 명 뽑았다고 합니다.

• 아이들은 나를 보고 풋내기라고 축구 시합에 끼워주지를 않습니다.

햇님 → 해님 ⭐

'해'를 높여서 부르는 말.

서산으로 해님·햇님 이 질 무렵, 마을에는 저녁연기가 피어올랐습니다.

어느 낱말이 맞게 쓰여졌을까요?

- 서산으로 해님이 질 무렵, 마을에는 저녁연기가 피어올랐습니다.
➡ 해님이 맞고 '햇님'은 틀립니다.

맞춤법 맛보기

'해님'은 달님·별님처럼 해+님(높임말)이 붙어서 된 낱말입니다. 그러므로 '햇님'으로 쓰면 틀립니다.

- 금세 어둑어둑해진 걸 보니 해님이 서쪽 하늘로 졌는가 봅니다.
- 며칠간 날이 흐리더니 오늘은 환한 해님이 정말 반갑습니다.

햇쌀 → 햅쌀★

그 해에 새로 난 쌀.

🌳해마다 추석에는 햇쌀·햅쌀 로 송편을
빚어 차례를 지냅니다.

어느 낱말이 맞게 쓰여졌을까요?

• 해마다 추석에는 햅쌀로 송편을 빚어
차례를 지냅니다.

➡ 햅쌀이 맞고 '햇쌀'은 틀립니다.

• 어머니는 햅쌀을 쌀독에 가득 담고는
넉넉한 웃음을 지었습니다.

• 햅쌀로 지은 밥은 윤기가 흐르는 것이
먹음직스러웠습니다.

🐟휴계실 → 휴게실★

잠깐 동안 머물러 쉴 수 있도록 마련
해 놓은 곳.

공중 휴계실·휴게실 의 문을 열자 담배 냄새가 매콤하게 났습니다.

어느 낱말이 맞게 쓰여졌을까요?

- 공중 휴게실의 문을 열자 담배 냄새가 매콤하게 났습니다.

➡ 휴게실이 맞고 '휴계실'은 틀립니다.

- 휴게실 벽에는 아름다운 사진들을 전시하고 있었습니다.

- 도서관의 휴게실에는 사람들이 편하게 휴식을 취하고 있었습니다.

2
혼동하기 쉬운
낱말

가르치다 · 가르키다 ★

🌳 선생님이 수학 공식을 <mark>가르쳐 · 가리켜</mark> 주셨습니다.

🌳 어머니는 동산 너머의 무지개를 손가락으로 <mark>가르쳐 · 가리켜</mark> 주셨습니다.

어느 낱말이 맞게 쓰여졌을까요?

🌰 두 낱말의 쓰임은 다음과 같습니다.

> • 선생님이 수학 공식을 가르쳐 · 가리켜 주셨습니다.
>
> ➡ 여기서는 가르쳐가 맞습니다.

가르치다 ➡ 지식 따위를 깨닫거나 익히게 하다.

• 공부를 가르치다.

• 아이들에게 글쓰기를 가르치다.

140

- 어머니는 동산 너머의 무지개를 손가락으로 가르쳐 · 가리켜 주셨다.

➡ 여기서는 가리켜가 맞습니다.

가리키다 ➡ (말 · 표정 · 행동 따위로) 잡아서 보이거나 말하거나 알리다.

- 시계는 세 시를 가리키고 있다.

- 영희는 신기한 듯 나비를 가리키고 있다.

거름 · 걸음 ★

나무가 잘 자라도록 거름 · 걸음 을 주었다.

나는 놀라서 한 걸음 · 거름 물러섰다.

어느 낱말이 맞게 쓰여졌을까요?

두 낱말의 쓰임은 다음과 같습니다.

• 나무가 잘 자라도록 거름·걸음을 주었
  다.

➡ 여기서는 거름이 맞습니다.

거름 ➡ 땅을 기름지게 하기 위하여
주는 물질.

• 음식을 썩혀 거름을 만들다.
• 화단에 거름을 묻어 주다.

• 나는 놀라서 한 걸음·거름 물러섰다.

➡ 여기서는 걸음이 맞습니다.

걸음 ➡ 두 발을 번갈아 옮겨 놓는
동작.

• 그는 누어 걸음 앞서 걸었다.
• 아기가 돌이 지나더니 아장아장 걸음
  을 걷기 시작했다.

그러므로 · 그럼으로

🌳 인간은 말을 한다. **그러므로(그렇기 때문에) · 그럼으로** 동물과 구별된다.

🌳 영수 아버지는 매일 운동을 하였다. **그러므로 · 그럼으로(그런 수단 · 방법으로)** 병을 치료할 수 있었다.

어느 낱말이 맞게 쓰여졌을까요?

🌰 두 낱말의 쓰임은 다음과 같습니다.

> • 인간은 말을 한다. 그러므로(그렇기 때문에) · 그럼으로 동물과 구별된다.
>
> ➡ 여기서는 **그러므로**가 맞습니다.

그러므로 ➡ 앞의 내용이 뒤의 내용의 이유나 원인, 근거가 될 때 쓰는 말(그러하기 때문에, 그런고로).

143

- 나는 생각한다. 그러므로(그렇기 때문에) 존재한다.

- 모든 사람은 다 존귀하다, 그러므로(그렇기 때문에) 모두 평등하다.

- 영수 아버지는 매일 운동을 하였다. 그러므로 · 그럼으로(그런 수단 · 방법으로) 병을 치료할 수 있었다.

➡ 여기서는 그럼으로가 맞습니다.

그럼으로 ➡ '그렇게 함으로써, 그런 수단을 가지고'의 뜻을 가짐.

- 민정이는 하루에 두 시간씩 더 공부했다. 그럼으로(그런 수단 · 방법으로) 일등을 할 수 있었다.

- 철수는 지름길로 뛰었다. 그럼으로(그런 수단 · 방법으로) 친구들에게 합류할 수 있었다.

꼭 · 똑

🌳 약속을 꼭 · 똑 지켜라.

🌳 빵을 똑같이 · 꼭 같이 나누어 먹어라.

어느 낱말이 맞게 쓰여졌을까요?

두 낱말의 쓰임은 다음과 같습니다.

• 약속을 꼭 · 똑 지켜라.

➡ 여기서는 꼭 지켜라가 맞습니다.

꼭 ➡ 조금도 어김없이.

• 내 예상이 꼭 맞았다.

• 그는 꼭 성공을 할 것이다.

• 빵을 똑같이 · 꼭 같이 나누어 먹어라.

➡ 여기서는 똑같이가 맞습니다.

똑(같다) ➡ 모양·성질·분량 따위가 조금도 다른 데가 없다.

- 정사각형은 네 변의 길이가 똑같다.

- 하는 짓이 어쩌면 둘이 똑 같으냐.

맞춤법 맛보기

'꼭'은 동사(움직임을 나타내는 말)에 씁니다.
'똑'은 형용사(모양이나 형상을 나타내는 말)에 씁니다.
· 약속을 꼭 지킨다(움직임을 나타내는 말).
· 하는 것이 꼭 같은다(X= '같다'는 움직임을 나타내는 말이 아님).

껍데기 · 껍질 ★

엄마, 사과껍데기 좀 깍아 주세요.

그렇게 얇은것은 '껍데기'가 아니고 '껍질'이야.

🌳그녀의 목에는 조개 `껍데기 · 껍질` 로 만든 예쁜 목걸이가 걸려 있었다.

🌳양파 `껍질 · 껍데기` 을(를) 한 꺼풀 벗긴 후 잘게 썰었다.

어느 낱말이 맞게 쓰여졌을까요?

🫒두 낱말의 쓰임은 다음과 같습니다.

· 그녀의 목에는 조개껍데기 · 껍질로 만든 예쁜 목걸이가 걸려 있었다.

➡ 여기서는 **껍데기**가 맞습니다.

껍데기 ➡ 달걀 · 조개 같은 것의 겉을 싸고 있는 단단한 물질.

· 아빠가 망치로 호두 껍데기를 깨었다.

· 껍데기를 벗겨 내니 조개의 속살이 드러났다.

- 양파 껍질·껍데기를(을) 한 꺼풀 벗긴 후 잘게 썰었다.

➡ 여기서는 껍질이 맞습니다.

껍질 ➡ 딱딱하지 않은 물체의 겉을 싸고 있는 겉껍질.

- 이 사과는 껍질이 너무 두껍다.
- 감의 껍질은 아주 얇다.

🐟 꼬리·꽁지 ⭐

🌳 개는 주인을 보자 반갑게 꼬리·꽁지 를 쳤다.

🌳 꽁지·꼬리 빠진 비둘기는 볼품이 없다.

어느 낱말이 맞게 쓰여졌을까요?

🍈 두 낱말의 쓰임은 다음과 같습니다.

• 개는 주인을 보자 반갑게 꼬리·꽁지를 쳤다.

➡ 여기서는 꼬리가 맞습니다.

꼬리 ➡ 동물의 꽁무니나 몸뚱이의 뒤 끝에 붙어서 조금 나와 있는 부분.

• 개가 꼬리를 내리고 도망갔다.

• 소가 꼬리를 저어 파리를 쫓았다.

• 꽁지·꼬리 빠진 비둘기는 볼품이 없다.

➡ 여기서는 꽁지가 맞습니다.

꽁지 ➡ 새의 꽁무니에 붙은 깃.

• 수탉의 꽁지가 숭숭 빠져 있다.

• 몰골이 꽁지 빠진 새 같다.

거치다 · 걷히다

🌳 천안을 <mark>거쳐 · 걷혀</mark> 서울에 왔다.

🌳 장마 <mark>걷힌 · 거친</mark> 뒤의 하늘은 상쾌하다.

어느 낱말이 맞게 쓰여졌을까요?

🍈 두 낱말의 쓰임은 다음과 같습니다.

• 천안을 거쳐 · 걷혀 서울에 왔다.

➡ 여기서는 **거쳐**가 맞습니다.

거치다 ➡ 지나가는 길에 잠깐 들르다.

• 예선을 **거쳐** 결선에 가다.
• 대구를 **거쳐** 부산으로 가다.

• 장마 걷힌 · 거친 뒤의 하늘은 상쾌하다.

➡ 여기서는 **걷힌**이 맞습니다.

걷히다 ➡ 걷어지다.

- 어둠이 걷히니 동창이 밝아오고 있습니다.

걷잡다·겉잡다

🌳 불길은 곧 걷잡·겉잡 을 수 없이 맹렬하게 타올랐다.

🌳 성적을 걷잡아·겉잡아 말하지 말고 정확히 이야기해 보아라.

어느 낱말이 맞게 쓰여졌을까요?

🍈 두 낱말의 쓰임은 다음과 같습니다.

- 불길은 곧 걷잡·겉잡 을 수 없이 맹렬하게 타올랐다.

➡ 여기서는 걷잡아가 맞습니다.

걷잡다 ➡ 거두어 바로 잡는 것.

• 사태가 **걷잡을** 수 없이 나빠지고 있다.

• 그 책을 다 읽으려면 **걷잡아·겉잡아도** (어림짐작으로) 3일은 걸릴 것이다.

➡ 여기서는 **겉잡아**가 맞습니다.

> 겉잡다 ➡ 겉으로 보고 대강 짐작하여 헤아리다.

• 그 물건 값이 **겉잡아** 얼마나 될 것 싶으냐?

🐟 너머·넘어⭐

🌳 구름은 천천히 산 `너머·넘어` 로 흘러가고 있었다.

🌳 대문 열쇠가 없어서 담을 `넘어·너머` 들어왔다.

어느 낱말이 맞게 쓰여졌을까요?

🍎 두 낱말의 쓰임은 다음과 같습니다.

- 구름은 천천히 산 너머 · 넘어로 흘러가고 있었다.

➡ 여기서는 너머가 맞습니다.

너머 ➡ 가리운 물체의 저쪽.

- 산 너머 마을에는 누가 살고 있을까?

- 대문 열쇠가 없어서 담을 넘어 · 너머 들어왔다.

➡ 여기서는 넘어가 맞습니다.

넘어 ➡ 낮은 데서 높은 데를 지나 다른 낮은 데로 가는 것.

· 할아버지께서는 고개를 넘어 아랫마을에 가셨다.

너비 · 넓이★

🌳이 강의 너비 · 넓이 는 그 강에 놓인 다리의 길이와 같다.

🌳그 터의 넓이 · 너비 는 제법 되었다.

어느 낱말이 맞게 쓰여졌을까요?

🌰두 낱말의 쓰임은 다음과 같습니다.

· 이 강의 너비 · 넓이는 그 강에 놓인 다리의 길이와 같다.

➡ 여기서는 너비가 맞습니다.

너비 ➡ 평면이나 넓은 물체의 가로로 건너지른 거리.

• 양발을 어깨 너비로 벌리고 서다.

• 그 터의 넓이 · 너비는 제법 되었다.

➡ 여기서는 넓이가 맞습니다.

넓이 ➡ 일정한 평면에 걸쳐 있는 공간이나 범위의 크기.

• 밑변과 높이가 같은 삼각형의 넓이는 같다.

놓음 · 노름 ★

🌳 그는 못된 친구들에게 술을 배우고 놓음 · 노름 도 배웠다.

🌳 건전한 노름 · 놓음 은 새로운 일을 하기 위한 활력소다.

어느 낱말이 맞게 쓰여졌을까요?

🌰 두 낱말의 쓰임은 다음과 같습니다.

- 그는 못된 친구들에게 술을 배우고 놀음·노름도 배웠다.

➡ 여기서는 노름이 맞습니다.

노름 ➡ 돈이나 재물 따위를 걸고 주사위·화투·트럼프 따위를 써서 서로 내기를 하는 일.

- 그는 노름으로 전 재산을 날렸다.
- 그는 노름빚으로 집문서까지 날렸다.

- 건전한 놀음·노름은 새로운 일을 하기 위한 활력소다.

➡ 여기서는 놀음이 맞습니다.

놀음 ➡ 모여서 즐겁게 노는 일.

- 그는 농악대의 놀이판에 한몫 끼어 신명 나게 놀았다.

느리다 · 늘이다 · 늘리다

🌳 그의 말은 빠른 반면에 동작은 무척 `느리다 · 늘이다 · 늘리다` .

🌳 상품의 가지 수를 `늘이다 · 느리다 · 늘리다` .

🌳 연습량을 `늘리다 · 느리다 · 늘이다` .

어느 낱말이 맞게 쓰여졌을까요?

 세 낱말의 쓰임은 다음과 같습니다.

• 그의 말은 빠른 반면에 동작은 무척 느리다 · 늘이다 · 늘리다.

➡ 여기서는 느리다가 맞습니다.

느리다 ➡ 어떤 말이나 행동을 하는 데 걸리는 시간이 길다.

• 그는 성미가 느리다.

• 소화되는 속도가 느리다.

157

- 상품의 가지 수를 늘이다 · 느리다 · 늘리다.

➡ 여기서는 늘이다가 맞습니다.

늘이다 ➡ 본디보다 더 길게 하다.

- 엿가락을 늘이다.
- 상품의 생산을 늘이다.

- 연습량을 늘리다 · 느리다 · 늘이다.

➡ 여기서는 늘리다가 맞습니다.

늘리다 ➡ 늘게 하다.

- 실력을 늘려서 다음에 다시 도전해 보아라.
- 학생 수를 늘리다.

🐟 다리다 · 달이다

🌳 다리지 · 달이지 않은 와이셔츠라 온통 구김살이 가 있다.

🌳 부엌에서 달이는 · 다리는 한약 냄새가 구수하다.

어느 낱말이 맞게 쓰여졌을까요?

🍏 두 낱말의 쓰임은 다음과 같습니다.

• 다리지 · 달이지 않은 와이셔츠라 온통 구김살이 가 있다.

➡ 여기서는 **다리지**가 맞습니다.

다리다 ➡ 옷이나 천 따위의 주름이나 구김을 펴기 위하여 다리미나 인두로 문지르다.

• 다리미로 옷을 **다리다**.

• 꾸깃꾸깃한 바지를 **다리다**.

• 부엌에서 달이는 · 다리는 한약 냄새가 구수하다.

➡ 여기서는 달이는이가 맞습니다.

달이다 ➡ 액체 따위를 끓여서 진하게 만들다.

• 한약을 사서 탕관에 넣어 달입니다.

• 어머니는 부엌에서 간장을 달이고 계십니다.

달리다 · 딸리다

그는 100미터를 10초대에 달린다 · 딸린다 .

그 집에는 비교적 넓은 앞마당이 딸려 · 달려 있다.

어느 낱말이 맞게 쓰여졌을까요?

두 낱말의 쓰임은 다음과 같습니다.

- 그는 100미터를 10초대에 달린다 · 딸린다.

➡ 여기서는 달리다가 맞습니다.

달리다 ➡ 달음질쳐 빨리 가거나 오다.

- 그는 골대를 향해 쏜살같이 공을 몰고 달렸다.

- 그는 결승점을 향하여 힘껏 달렸다.

- 그 집에는 비교적 넓은 앞마당이 **딸려**
  · 달려 있다.

➡ 여기서는 **딸려**가 맞습니다.

딸리다 ➡ 어떤 것에 매이거나 붙어 있다.

- 할아버지께 아이를 **딸려** 보냈다.

- 장사 밑천이 **딸려** 돈을 빌렸습니다.

🐟 달라요 · 틀려요 ⭐

🌳 같은 자매이지만 저는 언니랑은 성격이 달라요 · 틀려요 .

🌳 직삼각형과 정삼각형은 분명히 틀려요 · 달라요 .

어느 낱말이 맞게 쓰여졌을까요?

두 낱말의 쓰임은 다음과 같습니다.

- 같은 자매이지만 저는 언니랑은 성격이 달라요·틀려요.

➡ 여기서는 **달라요**가 맞습니다.

달라요 ➡ 비교가 되는 두 대상이 서로 같지 아니하다.

- 그는 겉과 속이 **달라** 이중인격자 같다.

- 컴퓨터 기종마다 명령어가 **달라** 애를 먹었다.

- 직삼각형과 정삼각형은 분명히 **틀려요**·달라요.

➡ 여기서는 **틀려요**가 맞습니다.

틀려요 ➡ 셈이나 사실 따위가 그르게 되거나 어긋나다.

- 그는 계산이 **틀려** 다시 셈을 하였다.

• 형이 가르쳐 주는 설명은 어딘지 틀려 보이나 인정하지 않았다.

맞춤법 맛보기

• '달라요'는 '같지 않다'는 뜻이며, '틀려요'는 '맞지 않다'는 뜻입니다.

돋구다 · 돋우다

🌳 목청을 돋구다 · 돋우다 .

🌳 싱그러운 봄나물이 입맛을 돋우었다 · 돋구었다 .

어느 낱말이 맞게 쓰여졌을까요?

🌰 두 낱말의 쓰임은 다음과 같습니다.

• 목청을 돋구다 · 돋우다.

➡ 여기서는 돋구다가 맞습니다.

돋구다 ➡ (안경의 도수 따위를) 더 높게 하다.

• 기세를 **돋구다**.

• 삼촌은 개의 성질을 **돋구고** 있다.

> • 싱그러운 봄나물이 입맛을 돋우었다 ·
> 돋구었다.
>
> ➡ 여기서는 **돋우었다**가 맞습니다.

돋우다 ➡ 위로 끌어 올려 도드라지거
나 높아지게 하다.

• 호롱불의 심지를 **돋우다**.

• 땅을 **돋아서** 물이 고이지 않게 하였다.

두껍다 · 두텁다 *

🌳 추워서 옷을 두껍게 · 두텁게 입었다.

🌳 그 집의 삼 형제는 모두 우애가 두텁다
· 두껍다 .

어느 낱말이 맞게 쓰여졌을까요?

🍎 두 낱말의 쓰임은 다음과 같습니다.

• 추워서 옷을 두껍게 · 두텁게 입었다.

➡ 여기서는 **두껍게**가 맞습니다.

두껍다 ➡ 두께가 보통의 정도보다 크다.

• 강추위는 샛강의 얼음을 더욱 두껍게
만들어 놓았다.

• 이 사과는 껍질이 너무 두껍다.

• 그 집의 삼 형제는 모두 우애가 두텁다
· 두껍다.

➡ 여기서는 **두텁다**가 맞습니다.

**두텁다 ➡ 신의 · 믿음 · 관계 · 인정
따위가 굳고 깊다.**

• 친분이 두텁다.

• 그는 선생님의 두터운 신임을 받고
있다.

~던지(던) · ~든지(든) ⭐

🌳 얼마나 춥던지·춥든지 손이 곱아 펴지지 않았다.

🌳 노래를 부르든지·부르던지 춤을 추든지·추던지 네 맘대로 해라.

어느 낱말이 맞게 쓰여졌을까요?

🟢 두 낱말의 쓰임은 다음과 같습니다.

• 얼마나 춥던지 · 든지 손이 곱아 펴지지 않았다.

➡ 여기서는 ~던지가 맞습니다.

~던지 ➡ 과거의 일을 다시 말할 때 씁니다.

• 아이가 얼마나 밥을 많이 먹던지 배탈 날까 걱정이 되었다.

• 동생도 놀이가 재미있었던지 더 이상 엄마를 찾지 않았다.

• 노래를 부르든지 · 던지 춤을 추든지 · 던지 네 맘대로 해라.

➡ 여기서는 ~든지가 맞습니다.

~든지 ➡ 무엇을 선택할 때 씁니다.

• 사과든지 배든지 다 좋다.

• 집에 가든지 학교에 가든지 해라.

다치다 · 닫히다

🌳 계단을 내려가다 아래로 굴러 크게 다치다 · 닫히다 .

168

🌳열렸던 문이 바람에 닫히다 · 다치다 .

어느 낱말이 맞게 쓰여졌을까요?

🌰두 낱말의 쓰임은 다음과 같습니다.

> • 계단을 내려가다 아래로 굴러 크게 다치다 · 닫히다.
>
> ➡ 여기서는 다치다가 맞습니다.

다치다 ➡ 부딪치거나 맞거나 하여 신체에 상처를 입다.

• 사고로 많은 사람들이 다쳤다.

• 무거운 짐을 들다가 허리를 다쳤다.

> • 열렸던 문이 바람에 닫히다 · 다치다.
>
> ➡ 여기서는 닫히다가 맞습니다.

닫히다 ➡ 닫어지다의 뜻입니다.

- 열어 놓은 문이 바람에 닫혔다.

- 병뚜껑이 꼭 닫혀서 열 수가 없다.

 띠다 · 띄다 ⭐

- 검푸른 색깔을 [띠다 · 띄다].
- 귀가 번쩍 [띄는 · 띠는] 이야기.

어느 낱말이 맞게 쓰여졌을까요?

두 낱말의 쓰임은 다음과 같습니다.

- 검푸른 색깔을 띠다 · 띄다.

➡ 여기서는 **띠다**가 맞습니다.

띠다 ➡ (용무나, 직책, 사명 따위를) 가지다. (빛깔을) 조금 가지다.

- 얼굴에 난처한 빛을 띠다.
- 흡족한 미소를 띠다.

- 귀가 번쩍 띄는 · 띠는 이야기.

➡ 여기서는 **띄는**이가 맞습니다.

띠다 ➡ '뜨이다'의 준말입니다.

- 요즘 들어 형의 행동이 눈에 **띄게** 달라졌다.
- 종이배를 냇물에 **띄다**.

~로서 · ~로써

🌳 학생 으로서 · 으로써 의 본분을 지켜라.

🌳 말로서 · 말로써 천 냥 빚을 갚는다고 한다.

어느 낱말이 맞게 쓰여졌을까요?

🍎 두 낱말의 쓰임은 다음과 같습니다.

- 학생으로서 '학생의 자격으로서' · '로써 학생을 도구로 삼아'의 본분을 지켜라.

➡ 여기서는 ~**로서**가 맞습니다.

~로서 ➡ 자격을 나타낼 때 쓰입니다.

- 그것은 교사로서(교사의 자격으로서) 할 일이 아니다.

- 언니는 아버지의 딸로서(딸의 자격으로) 부족함이 없다고 생각했었다.

- 말로서(말의 자격으로) · 말로써(말을 가지고) 천 냥 빚을 갚는다고 한다.

➡ 여기서는 ~로써가 맞습니다.

~로써 ➡ 도구나 수단으로 사용될 때 쓰입니다.

- 이제는 눈물로써(눈물을 가지고) 호소하는 수밖에 없다.

- 콩으로써(콩을 가지고) 메주를 쑤다.

~마치다 · 맞히다

그는 고향에 돌아가 남은 여생을 마치려 · 맞히려 했습니다.

🌳문제의 정답을 <mark>맞히다 · 마치다</mark> .

어느 낱말이 맞게 쓰여졌을까요?

🫑두 낱말의 쓰임은 다음과 같습니다.

> • 그는 고향에 돌아가 남은 여생을 마치
> 려 · 맞히려 했다.
>
> ➡ 여기서는 마치려가 맞습니다.

마치다 ➡ 어떤 일이나 과정, 절차
따위가 끝나다.

• 일을 마치면 식당으로 와라.

• 새학기 맞이 대청소를 마치다.

> • 문제의 정답을 맞히다 · 마치다.
>
> ➡ 여기서는 맞히다가 맞습니다.

맞히다 ➡ '맞게 하다' 의 뜻입니다.

173

- 어린이들에게는 주사를 **맞히기**가 힘들다.

- 양궁 선수들이 과녁을 정확히 **맞히다**.

🐟 무르다 · 물리다

🌳 할아버님은 이가 좋지 않아 무른 · 물린 음식을 많이 드십니다.

🌳 하루 세 끼 꼬박 라면을 먹었더니 이젠 라면에 물립니다 · 무릅니다 .

어느 낱말이 맞게 쓰여졌을까요?

🌰 두 낱말의 쓰임은 다음과 같습니다.

- 할아버님은 이가 좋지 않아 무른 · 물른 음식을 많이 드십니다.

➡ 여기서는 **무른**이가 맞습니다.

무르다 ➡ 굳은 물건이 푹 익어서 물렁물렁하게 되다.

- 비 온 뒤라 땅이 **무르다**.

- 사람의 성격이 **무르다**.

- 하루 세 끼 꼬박 라면을 먹었더니 이젠 라면에 물렸습니다 · 무렀습니다.

➡ 여기서는 **물렸습니다**가 맞습니다.

물리다 ➡ (다시 대하거나 먹기 싫게)싫증이 나다.

- 고기를 **물리도록** 먹다.

- 아무리 좋은 영화라도 매일 보면 **물립니다**.

175

묶다 · 매다 ⭐

🐟 아버지는 볏단을 묶었습니다 · 매었습니다 .

🌳 아버지는 외출을 위해 넥타이를 매었 다 · 묶었다 .

어느 낱말이 맞게 쓰여졌을까요?

🥑 두 낱말의 쓰임은 다음과 같습니다.

> • 아버지는 볏단을 묶었습니다 · 매었습니다.
>
> ➡ 여기서는 묶었습니다가 맞습니다.

> 묶다 ➡ (새끼나 끄나풀 따위로) 단을 지어 잡아매다.

• 아버지는 밭에서 뽑은 파를 단을 지어 묶었습니다.

• 고무줄로 머리를 묶다.

> • 아버지는 외출을 위해 넥타이를 매었다 묶었다.
>
> ➡ 여기서는 매었다가 맞습니다.

매다 ➡ 풀어지지 아니하게 마디를 만들다.

- 빨랫줄을 처마 밑에 매다.

- 구두끈을 매다.

~장이 · ~쟁이★

미장이 · 쟁이 가 담장의 벽을 예쁘게 단장했습니다

동생은 자기가 하고 싶은 것은 꼭 하고야 마는 고집쟁이 · 장이 입니다.

어느 낱말이 맞게 쓰여졌을까요?

두 낱말의 쓰임은 다음과 같습니다.

- 미장이 · 쟁이가 담장의 벽을 예쁘게 단장했습니다.

➡ 여기서는 ~장이가 맞습니다.

- 간판**장이**는 간판을 새로 만들고 있습니다.

- 땜**장이**가 냄비를 때우고 있습니다.

- 동생은 자기가 하고 싶은 것은 꼭 하고야 마는 고집장이 · 쟁이입니다.

➡ 여기서는 ~**쟁이**가 맞습니다.

~쟁이 ➡ 기술자 이외에는 모두 '~쟁이'로 씁니다.

- 겁**쟁이**처럼 도망가지 말고 남자답게 맞서라.

- 개구**쟁이**라도 좋다. 건강하게만 자라다오.

🐟 반드시 · 반듯이 ★

- 🌳 그는 이번 시험에는 　반드시 · 반듯이　 합격할 것이라고 확신했다.

🌳영미는 넘어진 책상과 의자를 세워 반듯
이 · 반드시 놓았다.

어느 낱말이 맞게 쓰여졌을까요?

🌰두 낱말의 쓰임은 다음과 같습니다.

・그는 이번 시험에는 반드시 · 반듯이 합
격할 것이라고 확신했다.

➡여기서는 반드시가 맞습니다.

반드시 ➡ 틀림없이 꼭.

・인간은 반드시 죽는다.

・여름철에는 수돗물을 반드시 끓여서
먹어야 한다.

・영미는 넘어진 책상과 의자를 세워 반
듯이 · 반드시 놓았습니다.

➡여기서는 반듯이가 맞습니다.

반듯이 ➡ 반듯하다. 비뚤지 않다.

• 할머니는 천장을 향해 반듯이 누워 계셨습니다.

• 자고 일어나면 이불과 요를 반듯하게 개어 놓아라.

~박이 · ~배기

점박이 · 배기 암소는 우리 집의 보배입니다.

두 살 박이 · 배기 아기는 벌써 한 발씩 옮겨 놓는다.

어느 낱말이 맞게 쓰여졌을까요?

두 낱말의 쓰임은 다음과 같습니다.

• 점박이 · 배기 암소는 우리집의 보배입니다.

➡ 여기서는 ~박이가 맞습니다.

~박이 ➡ 무엇이 박혀 있는 사람이나 짐승을 말할 때 쓰입니다.

• 점박이 강아지가 낯선 사람을 보자 무섭게 짖습니다.

• 두 살배기 · 박이 아기는 벌써 한 발씩 옮겨 놓는다.
➡ 여기서는 ~배기가 맞습니다.

~배기 ➡ 그 나이가 된 사람이나 짐승에 씁니다.

• 세 살배기 아기는 벌써 뛰어 다닙니다.

 벌리다 · 벌이다

🌳 고립된 사람을 위해 구조 요원들이 구조 활동을 벌이고 · 벌리고 있습니다.

🌳 아이들은 지루한지 입을 벌리고 · 벌이고 하품을 하기 시작합니다.

어느 낱말이 맞게 쓰여졌을까요?

🫒 두 낱말의 쓰임은 다음과 같습니다.

· 고립된 사람을 위해 구조 요원들이 구조 활동을 벌이고 · 벌리고 있습니다.

➡ 여기서는 **벌이고**가 맞습니다.

벌이다 ➡ (일을)베풀어 놓다. (가게를)차리다. (물건을)늘어놓다.

· 황소 한 마리를 두고 씨름판을 **벌이다**.

· 사업을 **벌이다**.

- 아이들은 지루한지 입을 벌리고 · 벌이고 하품을 하기 시작합니다.

➡ 여기서는 **벌리고**가 맞습니다.

벌리다 ➡ 둘 사이를 넓히거나 멀게 하다. 열어서 속의 것을 드러내다.

- 밤송이를 **벌리고** 알밤을 꺼냈다.

- 아이는 두 손을 **벌려** 과자를 조심스레 받았다.

봉우리 · 봉오리 *

히말라야에는 아직까지도 정복되지 않은 **봉우리 · 봉오리** 가 많이 있습니다.

어린이는 이 나라를 이끌어 갈 **꽃봉오리 · 꽃봉우리** 입니다.

어느 낱말이 맞게 쓰여졌을까요?

두 낱말의 쓰임은 다음과 같습니다.

- 히말라야에는 아직까지도 정복되지 않은 봉우리 · 봉오리가 많이 있습니다.

➡ 여기서는 봉우리가 맞습니다.

봉우리 ➡ 산은 '봉우리'입니다.

- 산봉우리 위에 흰구름이 한 점 떠 있다.

- 산봉우리에 올라선 우리들은 해냈다는 기쁨에 감격했다.

- 어린이는 이 나라를 이끌어 갈 꽃봉오리 · 꽃봉우리며 기둥입니다.

➡ 여기서는 봉오리가 맞습니다.

봉오리 ➡ 꽃은 '봉오리'입니다.

- 진달래 꽃봉오리가 탐스럽게 피었다.

- 꽃봉오리가 어느덧 활짝 피었다.

🐟 부수다 · 부시다

🌳 멧돌은 곡식을 잘게 부수어 · 부시어 놓습니다.

🌳 어두운 실내에 있다가 밖으로 나오자 눈이 부시어 · 부수어 눈을 뜰 수가 없다.

어느 낱말이 맞게 쓰여졌을까요?

🍈 두 낱말의 쓰임은 다음과 같습니다.

> • 멧돌은 곡식을 잘게 부수어 · 부시어 놓습니다.
>
> ➡ 여기서는 부수어가 맞습니다.

> 부수다 ➡ 단단한 물체를 여러 조각이 나게 두드려 깨뜨리다.

• 농부는 흙을 잘게 부수어 씨 뿌릴 준비를 한다.

• 엄마는 콩가루를 더욱 잘게 부순다.

- 어두운 실내에 있다가 밖으로 나오자 눈이 부시어 · 부수어 눈을 뜰 수가 없다.

➡ 여기서는 부시 어가 맞습니다.

부시다 ➡ 빛이나 색채가 강렬하여 마주 보기가 어려운 상태를 말합니다.

- 햇빛이 호수에 반사되어 눈이 부시다.

- 밤새 내린 눈에 눈이 부시어 눈을 뜰 수 없다.

부리 · 입 ⭐

닭에게 모이를 주자 **부리 · 입** (으)로 먹이를 쪼기 시작합니다.

그는 **입 · 부리** 에 침도 안 바르고 거짓말을 한다.

어느 낱말이 맞게 쓰여졌을까요?

두 낱말의 쓰임은 다음과 같습니다.

- 닭에게 모이를 주자 부리 · 입(으)로 먹이를 쪼기 시작합니다.

➡ 여기서는 부리가 맞습니다.

부리 ➡ 새의 주둥이.

- 새는 구석에 부리를 박고 죽어 있었다.

- 그는 입 · 부리에 침도 안 바르고 거짓말을 한다.

➡ 여기서는 입이 맞습니다.

입 ➡ 새는 부리, 짐승은 주둥이, 사람은 입입니다.

- 먹음직스러운 음식을 보자 입에서 군침이 돌았다.

부치다 · 붙이다 ★

🌳 철민이는 부모님께 감사의 편지를 부치기 · 붙이기 위해 우체국으로 갔습니다.

🌳 편지 봉투에 우표를 붙이다 · 부치다 .

어느 낱말이 맞게 쓰여졌을까요?

🫒 두 낱말의 쓰임은 다음과 같습니다.

> • 철민이는 부모님께 감사의 편지를 부치기 · 붙이기 위해 우체국으로 갔습니다.
>
> ➡ 여기서는 부치기가 맞습니다.

부치다 ➡ 편지를 우체통에 넣는 것은 부치다입니다.

• 어머니는 옷을 아들이 사는 기숙사로 부치셨다.

• 자세한 내용을 편지에 적어 **부치다**.

• 편지 봉투에 우표를 붙이다 · 부치다.

➡ 여기서는 **붙이다**가 맞습니다.

붙이다 ➡ 우표를 봉투에 붙이는 것
은 붙이다입니다.

• 광고지를 벽에 **붙였습니다**.

• 떨어진 공책을 풀로 **붙였다**.

빛 · 볕★

🌳 손전등을 켜자 빛 · 볕 은 어두운 동굴
속을 환히 밝혔다.

🌳 집은 남향으로 앉아야 빛 · 볕 이 잘 들
어옵니다.

어느 낱말이 맞게 쓰여졌을까요?

🍈 두 낱말의 쓰임은 다음과 같습니다.

- 손전등을 켜자 빛·볕은 어두운 동굴 속을 환히 밝혔다.

➡ 여기서는 빛이 맞습니다.

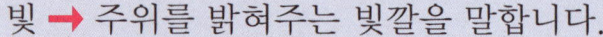

빛 ➡ 주위를 밝혀주는 빛깔을 말합니다.

- 한 가닥 빛이 어둠을 뚫고 방 안으로 들어왔다.

- 선생님의 말씀을 듣는 아이들의 눈에서는 빛이 나기 시작했다.

- 집은 남향으로 앉아야 빛·볕이 잘 들어옵니다.

➡ 여기서는 볕이 맞습니다.

볕 ➡ 태양에서 내는 빛에는 '열기를 내는 볕'과 '밝기를 내는 빛'이 있습니다. 여기서는 '열기를 내는 볕'을 말합니다.

- 볕이 좋아야 곡식이 잘 익는다.

• 볕이 바른 남향집에 산다.

🐟 시키다 · 식히다 *

🌳 선생님은 어린이들에게 청소를 시키고 · 식히고 퇴근하셨다.

🌳 간호사는 환자의 머리를 얼음으로 찜질하여 열을 식혔습니다 · 시켰습니다 .

어느 낱말이 맞게 쓰여졌을까요?

🍈 두 낱말의 쓰임은 다음과 같습니다.

> • 선생님은 어린이들에게 청소를 시키고 · 식히고 퇴근하셨다.
>
> ➡ 여기서는 시키고가 맞습니다.

시키다 ➡ 어떤 일이나 행동을 하게 하다.

• 어머니는 중국집에 자장면 두 그릇을 시키셨다.

• 이모는 품을 팔아서 자식 교육을 시켰습니다.

• 간호사는 환자의 머리를 얼음으로 찜질하여 열을 식혔습니다 · 시켰습니다.

➡ 여기서는 식혔습니다가 맞습니다.

식히다 ➡ 식게 하다.

• 뜨거운 차를 입으로 불어 식히다.
• 뜨거운 국을 식히다.

안(하다) · 않(다) ⭐

🌳 그녀는 화가 나서 대꾸도 **안 · 않** 하였습니다.

🌳 손도 씻지 **않 · 안** 고 밥을 먹으려고 하여 엄마에게 혼이 났다.

어느 낱말이 맞게 쓰여졌을까요?

🍎 두 낱말의 쓰임은 다음과 같습니다.

> • 그녀는 화가 나서 대꾸도 안·않 하였습니다.
>
> ➡ 여기서는 안이 맞습니다.

안 ➡ '아니' 의 준말입니다.

• 개미 새끼 한 마리 얼씬 안 하다.

• 그들은 서로 알은체도 안 한다.

> • 손도 씻지 않고·안고 밥을 먹으려고 하여 엄마에게 혼이 났다.
>
> ➡ 여기서는 않고가 맞습니다.

않 ➡ '아니 하' 의 준말입니다.

• 영미는 건강이 좋지 않아서 여행 가는 것을 포기했다.

• 과식이나 편식은 건강에 좋지 않다.

안치다 · 앉히다

🌳 전기밥솥은 쌀만 `안치면 · 앉히면` 저절
로 밥이 됩니다.

🌳 뒷사람을 위해 앞에 있는 어린이를 모두
`안쳤습니다 · 앉혔습니다` .

어느 낱말이 맞게 쓰여졌을까요?

🫐 두 낱말의 쓰임은 다음과 같습니다.

• 전기밥솥은 쌀만 안치면 · 앉히면 저절
로 밥이 됩니다.

➡ 여기서는 **안치면**이가 맞습니다.

안치다 ➡ 삶거나 끓이기 위해 냄비
나 시루에 넣다.

• 누나는 솥에 쌀을 **안치려고** 부엌으로
갔다.

• 솥에 고구마를 **안쳤다**.

- 뒷사람을 위해 앞에 있는 어린이를 모두 안쳤습니다 · 앉혔습니다.

➡ 여기서는 **앉혔습니다**가 맞습니다.

앉히다 ➡ 앉게 하다.

- 비둘기를 손바닥 위에 **앉히다**.

- 아이를 안아서 의자에 **앉히다**.

얇다 · 엷다 ⭐

🌳 날이 풀리면서 빙판이 **얇아져서 · 엷어져서** 썰매를 탈 수 없다.

🌳어머니는 결혼식장에 가신다며 얇게 · 얇게 화장을 하시기 시작했습니다.

어느 낱말이 맞게 쓰여졌을까요?

🌰두 낱말의 쓰임은 다음과 같습니다.

> · 날이 풀리면서 빙판이 얇아져서 · 엷어져서 썰매를 탈 수 없다.
>
> ➡ 여기서는 얇아져가 맞습니다.

얇다 ➡ 두께가 두껍지 아니하다.

· 책 두께가 얇다.

· 구름층이 많이 얇아졌다.

> · 어머니는 결혼식장에 가신다며 엷게 · 얇게 화장을 하십니다.
>
> ➡ 여기서는 엷게가 맞습니다.

엷다 ➡ 빛깔이 진하지 아니하다.

- 진한 색에 물을 타서 엷게 만들었다.

- 그는 엷은 보랏빛 니트를 입었다.

엉덩이 · 궁둥이

간호사가 엉덩이 · 궁둥이 에 주사를 놓았습니다.

숙제를 하지 않은 벌로 선생님께 궁둥이 · 엉덩이 를 맞았습니다.

어느 낱말이 맞게 쓰여졌을까요?

두 낱말의 쓰임은 다음과 같습니다.

- 간호사가 엉덩이 · 궁둥이에 주사를 놓았습니다.

➡ 여기서는 엉덩이가 맞습니다.

엉덩이 ➡ 볼기의 윗부분. 앉을 때 바닥에 닿지 않는 부분.

- 여자는 엉덩이가 크다.

- 숙제를 하지 않은 벌로 선생님께 궁둥이·엉덩이를 맞았습니다.

➡ 여기서는 궁둥이가 맞습니다.

궁둥이 ➡ 엉덩이의 아랫부분. 앉을 때 바닥에 닿는 부분.

- 영철이는 나무 걸상에 **궁둥이**를 붙이고 앉았습니다.

오른쪽 · 바른쪽

 큰길로 가다가 오른쪽 · 바른쪽 길로 빠지면 우리 집이다.

 저 골목에서 바른쪽 · 오른쪽 으로 돌면 우리 집이 나온다.

어느 낱말이 맞게 쓰여졌을까요?

두 낱말의 쓰임은 다음과 같습니다.

- 큰길로 가다가 오른쪽 · 바른쪽 길로 빠지면 우리 집이다.

➡ 여기서는 오른쪽 · 바른쪽 모두 맞습니다.

오른쪽 ➡ 북쪽을 향하였을 때의 동쪽에 해당하는 방향.

• **오른쪽**으로 시원스럽게 바다가 내다보입니다.

• 역으로 가려면 사거리에서 **오른쪽**으로 돌아가면 됩니다.

> • 저 골목에서 **바른쪽 · 오른쪽**으로 돌면 우리 집이 나온다.
>
> ➡ 여기서는 **바른쪽 · 오른쪽** 모두 맞습니다.

바른쪽 ➡ 오른쪽.

• **바른쪽** 창고는 문이 굳게 닫혀 있습니다.

• **오른쪽** 길은 큰 도로와 연결되어 있습니다.

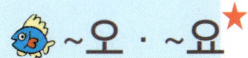 ~오 · ~요★

🌳 우리는 어린이 `오 · 요`.

🌳 이것은 사과 `요 오`, 저것은 배 `요 · 오`.

어느 낱말이 맞게 쓰여졌을까요?

🍈두 낱말의 쓰임은 다음과 같습니다.

· 저것은 책이오 · 요.

➡ 여기서는 ~오가 맞습니다.

~오 ➡ 문장이 끝났을 때 씁니다.

· 아드님이 참 건강하오.

· 어서 가시오.

· 이것은 사과요 · 오, 저것은 배요 · 오.

➡ 이것은 사과요 · 오에서는 '요'가 맞고, 저것은 배요 · 오에서는 '오'가 맞습니다.

~요 ➡ 문장이 끝나지 않고 다음 문장으로 이어질 때 씁니다.

· 너는 여자요, 나는 남자오.

· 이것은 책상이요, 저것은 걸상이오.

'요'는 높임말의 문장 끝에도 씁니다.
· 먹어→먹어요(높임말).
· 밥을 해→밥을 해요(높임말).

웬·왠

🌳 어린이 대공원에 웬·왠 사람이 그리도 많은지 모르겠습니다.

🌳 뒹구는 낙엽을 보니 웬지·왠지 서글퍼진다.

어느 낱말이 맞게 쓰여졌을까요?

🌰 두 낱말의 쓰임은 다음과 같습니다.

· 어린이대공원에 웬·왠 사람이 그리도 많은지 모르겠습니다.

➡ 여기서는 웬이 맞습니다.

웬 ➡ 어찌 된, 어떠한의 뜻입니다.

· 어린 녀석이 웬 걱정이 그리 많아?
· 웬 소리냐?

- 뒹구는 낙엽을 보니 웬지 · 왠지 서글퍼
진다.

➡ 여기서는 왠지가 맞습니다.

왠 ➡ 왜인(지)의 준말로 뚜렷한 이
유없이의 뜻이 있습니다.

- 방학을 마치면서 나의 성적은 왠지 자
꾸 떨어집니다.

🐟웃 · 위⭐

🌳새해에는 설빔으로 단장하고 웃 · 위 어
른에게 세배를 합니다.

🌳높이 솟은 장대 위·웃에는 하얀 깃발이 나부끼고 있었다.

어느 낱말이 맞게 쓰여졌을까요?

🥝두 낱말의 쓰임은 다음과 같습니다.

> • 새해에는 설빔으로 단장하고 웃·위어른에게 세배를 합니다.
>
> ➡ 여기서는 웃이 맞습니다.

웃 ➡ 대응하는 말이 없을 때는 '웃'을 씁니다. 웃어른 ↔ 아랫어른(X).

• 웃어른(↔아랫어른(X))의 말씀은 잘 새겨들어야 한다.

• 구하기 힘든 약이라 웃돈(↔아랫돈(X))을 주고 사 왔다.

> • 높이 솟은 장대 위·웃에는 하얀 깃발이 나부끼고 있었다.
>
> ➡ 여기서는 위가 맞습니다.

위 ➡ 대응하는 말이 있을 때는 '위'를 씁니다. 장대 위↔ 장대 아래(○).

- 그 사람은 나보다 서너 살 위(↔아래(○))로 보였다.

- 강을 따라 가다 보면 그 위(↔아래(○))에 산이 있다.

🐟 이따가 · 있다가

🌳 **이따가 · 있다가** 선생님을 뵈려던 참이었습니다.

🌳 어두운 실내에 **있다가 · 이따가** 밖으로 나오자 눈이 부셔서 눈을 뜰 수가 없다.

어느 낱말이 맞게 쓰여졌을까요?

🍈 두 낱말의 쓰임은 다음과 같습니다.

- 이따가 · 있다가 선생님을 뵈려던 참이었습니다.

➡ 여기서는 이따가가 맞습니다.

이따가 ➡ 조금 지난 뒤에.

- 지금은 바쁘니 이따가 통화하자.

- 이따가 단둘이 있을 때 얘기하자.

- 어두운 실내에 있다가 · 이따가 밖으로 나오자 눈이 부셔서 눈을 뜰 수가 없다.

➡ 여기서는 있다가가 맞습니다.

있다가 ➡ 사람이나 동물이 어느 곳에서 떠나거나 벗어나지 아니하고 머물고 있는 것.

- 마루에 있다가 방으로 들어왔다.
- 학원에 있다가 시장으로 바로 갔다.

잃다 · 잊다 ★

🌳 공원에서 아이를 잃은 · 잊은 아저씨는 미아 보호소로 달려갔습니다.

🌳 지난날의 나쁜 기억은 모두 잊고 · 잃고 앞으로 잘 지내보자.

어느 낱말이 맞게 쓰여졌을까요?

🍈 두 낱말의 쓰임은 다음과 같습니다.

- 공원에서 아이를 잃은 · 잊은 아저씨는 미아 보호소로 달려갔습니다.

➡ 여기서는 **잃은**이 맞습니다.

잃다 ➡ 가졌던 물건이 없어진 것.

- 교실에서 쓰기장을 **잃어**버렸다.
- 깊은 산중에서 길을 **잃다**.

- 지난날의 나쁜 기억은 모두 잊고 · 잃고 앞으로 잘 지내보자.

➡ 여기서는 **잊고**가 맞습니다.

잊다 ➡ 기억하지 못하는 것.

- 나는 동생의 생일을 깜빡 **잊었다**.
- 숙제하는 것을 **잊고** 와서 선생님께 꾸중을 들었다.

🐟 작다 · 적다 ⭐

🌳 그 사람은 큰일 하기에는 그릇이 작다 · 적다 .

🌳영민이는 성격이 좋지 않아 친구가 **적다 · 작다** .

어느 낱말이 맞게 쓰여졌을까요?

🌰두 낱말의 쓰임은 다음과 같습니다.

> • 그 사람은 큰일 하기에는 그릇이 작다 · 적다.
>
> ➡ 여기서는 **작다**가 맞습니다.

작다 ➡ '크다'의 반대말입니다.

• 그는 동생보다 키가 **작다**(↔키가 크다 (○)).

• 입던 옷이 이제는 너무 **작다**(↔너무 많다(✕).

> • 영민이는 성격이 좋지 않아 친구가 적다 · 작다.
>
> ➡ 여기서는 **적다**가 맞습니다.

적다 ➡ '많다' 의 반대말입니다. 그러므로 반대말을 넣었을 때 말이 되어야 합니다.

- 올 여름에는 강우량이 적다(↔많다(○)).
- 겨울은 낮이 짧아 일조량이 적다.(↔많다(○)).

장수 · 장사 ★

🌳 아저씨는 장사 · 장수 밑천이 모자라 돈을 구하러 다녔습니다.

🌳 과일 장수 · 장사 는 내가 산 귤에 몇 개를 덤으로 주었다.

어느 낱말이 맞게 쓰여졌을까요?

🍈 두 낱말의 쓰임은 다음과 같습니다.

- 과일 장수 · 장사는 내가 산 귤에 몇 개를 덤으로 주었다.
➡ 여기서는 장수가 맞습니다.

장수 ➡ 장사하는 사람.

• 채소 장수가 우리 아파트 앞에 왔습니다.

• 소금 장수는 고개를 넘어가다 독장수
  를 만났습니다.

• 아저씨는 장사·장수 밑천이 모자라 돈
  을 구하러 다녔습니다.

➡ 여기서는 장사가 맞습니다.

장사 ➡ 이익을 얻으려고 물건을 사
서 파는 일.

• 그 아주머니는 밥장사로 아이들을 대
  학까지 보냈다.

209

- 장사는 신용이 생명이다.

좇다 · 쫓다 *

영수는 아버지의 뜻을 좇아 · 쫓아 기술을 배우기로 하였다.

경찰이 도둑을 잡으려고 쫓아간다 · 좇아간다 .

어느 낱말이 맞게 쓰여졌을까요?

두 낱말의 쓰임은 다음과 같습니다.

- 영수는 아버지의 뜻을 좇아 · 쫓아 기술을 배우기로 하였다.

➡ 여기서는 좇아가 맞습니다.

좇다 ➡ 남의 말이나 뜻을 따르다.

- 아버지의 유언을 좇다.
- 부모님의 의견을 좇기로 했다.

- 경찰이 도둑을 잡으려고 쫓아 · 좇아 간다.

➡ 여기서는 **쫓아**가 맞습니다.

쫓다 ➡ 어떤 대상을 잡거나 만나기 위하여 뒤를 따라서 급히 가다.

- 나는 어머니를 **쫓아** 방에 들어갔다.
- 장대를 휘둘러 새들을 **쫓다**.

주검 · 죽음 ⭐

🌳 그는 어머니의 주검 · 죽음 앞에서 밤새도록 울었습니다.

🌳 아들의 목숨을 구하려고 어머니는 죽음 · 주검 을 무릅썼다.

어느 낱말이 맞게 쓰여졌을까요?

🌰 두 낱말의 쓰임은 다음과 같습니다.

- 그는 어머니의 주검 · 죽음 앞에서 밤새도록 울었습니다.

➡ 여기서는 **주검**이 맞습니다.

주검 ➡ 죽은 몸뚱이.

· 싸늘한 주검으로 발견되다.

· 돌아온 자식의 주검 앞에 어머니는 그만 기절을 하였다.

· 아들의 목숨을 구하려고 어머니는 죽음
  · 주검을 무릅썼다.

➡ 여기서는 죽음이 맞습니다.

죽음 ➡ 생물의 생명이 없어지는 것.

· 병사는 죽음을 불사하고 적진으로 뛰어들었다.

· 죽음을 각오하고 싸우다.

3

틀리기 쉬운 외래어

🐟 가스렌지 → 가스레인지

🌳 가스레인지 · 가스렌지 가 안 켜지는 걸 보니 가스가 다 떨어졌나 보다.

어느 낱말이 맞게 쓰여졌을까요?

가스를 연료로 사용하여 음식을 조리하는 기구.

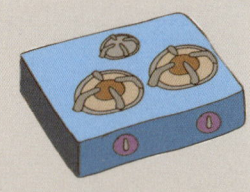

➡ 가스레인지가 맞습니다.

• 가스레인지 위에 올려놓은 냄비에서 물이 끓고 있습니다.

🐟 그러브 → 글러브

🌳 나는 아빠에게 야구 그러브 · 글러브 를 사 달라고 졸랐다.

어느 낱말이 맞게 쓰여졌을까요?

권투, 야구 따위를 할 때 손에 끼는 장갑.

➡ 글러브가 맞습니다.

- 친구들과 권투 글러브를 끼고 권투를 했다.

기브스 → 깁스

철민이는 오늘부터는 기브스 · 깁스 했던 다리를 풀고 물리 치료를 받았다.

어느 낱말이 맞게 쓰여졌을까요?

석고. 석고 붕대의 준말.

➡ 깁스가 맞습니다.

- 농구를 하다 팔이 부러져 한동안 깁스를 하고 다녀야 했다.

넌센스 → 난센스 ★

큰 부자가 세금을 낼 돈이 없다는 것은 난센스 · 넌센스 입니다.

어느 낱말이 맞게 쓰여졌을까요?

이치에 맞지 아니하거나 평범하지 아니한 말이나 일.

➡ 난센스가 맞습니다.

• 오늘 난센스 퀴즈에서 영미가 모두 맞혔습니다.

다이아먼드 → 다이아몬드

그녀의 목에 걸린 다이아몬드 · 다이아먼드 가 반짝이고 있다.

어느 낱말이 맞게 쓰여졌을까요?

금강석.

➡ 다이아몬드가 맞습니다.

• 언니의 손가락에 낀 다이아몬드 반지가 빛났고 있다.

🐟 데뷰 → 데뷔

🌳 그녀가 가요계에 데뷔·데뷰 한 지 벌써 10년이 넘는다.

어느 낱말이 맞게 쓰여졌을까요?

일정한 활동 분야에 처음으로 등장하는 것.

➡ 데뷔가 맞습니다.

• 드디어 어머니는 화가로 미술계에 데뷔하셨습니다.

🐟 디지탈 → 디지털 ⭐

🌳 이제 세상은 아날로그 방식에서 디지털·디지탈 방식으로 발전하고 있습니다.

어느 낱말이 맞게 쓰여졌을까요?

물질의 형태를 숫자나 문자로 바꾸는 것.

• 나는 생일 선물로 아버지로부터 디지
털 시계를 받았습니다.

🐟 드라이크리닝 → 드라이클리닝

🌳 어머니께서는 아버지의 양복을 드라이클
리닝 · 드라이크리닝 을 위해 세탁소에 맡
기셨습니다. .

어느 낱말이 맞게 쓰여졌을까요?

물 대신 유기 용제로 때를 빼는 세탁 방법.

➡ 드라이클리닝이 맞습니다.

• 북한에서는 드라이클리닝을 화학 빨래
라고 합니다.

🐟 런닝셔츠 → 러닝셔츠

🌳 러닝셔츠 · 런닝셔츠 바람의 학생들이
테니스 코트에 모여 테니스를 하고 있었
습니다.

어느 낱말이 맞게 쓰여졌을까요?

운동 경기할 때 선수들이 입는 소매 없는 셔츠.

➡ 러닝셔츠가 맞습니다.

• 아빠는 더우신지 러닝셔츠만 입고 소파에 앉아 계십니다.

🐟레이다 → 레이더

🌳이번에 새로 개발된 미사일은 적의 레이더 · 레이다 에 탐지되지 않는 새로운 미사일입니다.

어느 낱말이 맞게 쓰여졌을까요?

목표 물체를 향하여 마이크로파를 발사하고 그 반사파를 받아서 물체의 상태나 위치를 찾아내는 장치.

➡ 레이더가 맞습니다.

• 해군은 잠항하는 적의 잠수함을 레이더로 포착하였습니다.

🐟 레져 → 레저 ⭐

🌳 제주도에는 각종 해양 `레저 · 레져` 시설이 들어설 계획이라고 합니다.

어느 낱말이 맞게 쓰여졌을까요?

> 일이나 공부 따위를 하지 않아도 되는 자유로운 시간.

➡️ 레저가 맞습니다.

• 앞으로는 우리나라도 많은 레저 활동을 할 수 있는 시설이 세워질 것입니다.

🐟 레크레이션 → 레크리에이션

🌳 기분을 전환하기 위하여 `레크리에이션 · 레크레이션` 시간을 많이 갖는 것도 중요한 일과의 하나입니다.

어느 낱말이 맞게 쓰여졌을까요?

> 피로를 풀고 새로운 힘을 얻기 위하여 함께 모여 놀거나 운동 따위를 즐기는 일.

• 요즘은 대학에 레크리에이션을 가르치는 학과가 있을 정도로 인기가 있습니다.

렌스 → 렌즈 ★

🌳 어제 어머니는 안과에서 검사를 한 뒤 렌즈 · 렌스 를 맞추었습니다.

어느 낱말이 맞게 쓰여졌을까요?

빛을 모으거나 분산하기 위하여 수정이나 유리를 갈아서 만든 투명한 물체.

➡ 렌즈가 맞습니다.

• 아빠는 사진 찍기에 취미가 있어 많은 카메라 렌즈를 가지고 계십니다.

로보트 → 로봇 ★

🌳 다양한 산업용 로봇 · 로보트 가(이) 등장하면서 많은 노동자가 일자리를 잃게 되었습니다.

어느 낱말이 맞게 쓰여졌을까요?

인간과 비슷한 형태를 가지고 걷기도 하고
말도 하는 기계 장치.

➡ 로봇이 맞습니다.

• 아이가 선물로 받은 장난감 로봇을 조
  립하고 있습니다.

로킷 → 로켓★

우리나라에서도 지난해 처음으로 로켓 ·
로킷 을 발사했습니다.

어느 낱말이 맞게 쓰여졌을까요?

고온 고압의 가스를 발생·분출시켜 그 반동으로 추진하는 장치.

➡ 로켓이 맞습니다.

• 로켓의 발달은 우주 탐험의 길을 열어 우주 여행을 할 수 있는 계기를 만들었습니다.

링게르 → 링거

🌳 간호사는 링거·링게르 병을 바꾼 뒤 환자를 지켜보았습니다.

어느 낱말이 맞게 쓰여졌을까요?

링거액.

➡ 링거가 맞습니다.

• 언니가 과로로 쓰러져 병원서 링거 주사를 맞았습니다.

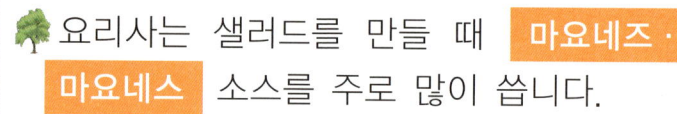 마요네스 → 마요네즈

요리사는 샐러드를 만들 때 마요네즈 · 마요네스 소스를 주로 많이 씁니다.

어느 낱말이 맞게 쓰여졌을까요?

샐러드용 소스의 하나.

➡ 마요네즈가 맞습니다.

• 어머니께서는 달걀 노른자, 샐러드유, 식초, 소금, 설탕을 섞어 마요네즈를 집에서 만드십니다.

모짜르트 → 모차르트★

모차르트 · 모짜르트 가 작곡한 교향곡 제 41번 교향곡은 3대 교향곡으로 꼽힙니다.

어느 낱말이 맞게 쓰여졌을까요?

하이든과 함께 18세기의 빈 고전파를 대표하는 오스트리아의 작곡가.

➡ 모차르트가 맞습니다.

➡ 모차르트가 맞습니다.

• 모차르트의 본명은 볼프강 아마데우스 모차르트라고 합니다.

🐟 미이라 → 미라⭐

🌳 미라 · 미이라 는 시체에서 내장과 체액을 꺼낸 후, 몸에 자연 방부제를 넣어 몸이 썩지 않도록 만든 것입니다.

어느 낱말이 맞게 쓰여졌을까요?

썩지 않고 건조되어 원래 상태에 가까운 모습으로 남아 있는 인간이나 동물의 시체.

➡ 미라가 맞습니다.

• 얼마 전에 3백 년이 넘은 무덤에서 완벽한 여인의 미라가 발굴되었다고 합니다.

🐟 바톤 → 바통 · 배턴⭐

🌳 이어달리기를 하다가 그만 내 차례에서 바통 · 배턴 · 바톤 을 떨어뜨려 우리 편이 등에 들지 못하였습니다.

어느 낱말이 맞게 쓰여졌을까요?

계주를 할 때 사용하는 봉.

➡ 바통 · 배턴이 맞습니다.

• 이어달리기에서는 바통 · 배턴을 주고받는 것이 중요합니다.

 바란스 → 밸런스

🌳 균형대에서 연기를 할 때에는 바란스 · 밸런스 를 잘 유지해야 좋은 성적을 거둘 수가 있습니다.

어느 낱말이 맞게 쓰여졌을까요?

균형.

➡ 밸런스가 맞습니다.

• 수입과 지출의 밸런스를 잘 유지해야 합니다.

🐟 바베큐 → 바비큐

🌳 아버지는 정원에서 친척들과 함께 바베큐 · 바비큐 파티를 열었습니다.

어느 낱말이 맞게 쓰여졌을까요?

돼지나 소 따위를 통째로 불에 구운 요리.

➡ 바비큐가 맞습니다.

• 우리 가족은 야외에서 통돼지 바비큐를 해서 먹었습니다.

🐟 밧데리 → 배터리⭐

🌳 휴대 전화의 밧데리 · 배터리 가 떨어져 전화 도중에 끊어졌습니다.

어느 낱말이 맞게 쓰여졌을까요?

건전지 혹은 축전지.

➡ 배터리가 맞습니다.

• 전자 시계에는 동그란 전자 배터리가 사용됩니다.

뺏지 → 배지 ★

그는 항상 배지·뺏지 를 광을 내어 가슴에 달고 다녔습니다.

어느 낱말이 맞게 쓰여졌을까요?

휘장.

➡ 배지가 맞습니다.

• 형은 졸업을 하고도 아직 배지를 옷깃에 달고 다닙니다.

🐟 부페 → 뷔페 *

🌳 우리 가족은 막내 동생의 첫돌 잔치를 조용한 　뷔페 · 부페 　식당에서 갖기로 하였습니다.

어느 낱말이 맞게 쓰여졌을까요?

여러 가지 음식을 큰 식탁에 차려 놓고 손님이 스스로 선택하여 덜어 먹도록 한 식당.

➡ 뷔페가 맞습니다.

• 할머니의 칠순 잔치는 뷔페 식당에서 많은 하객들을 모시고 성대하게 치러졌습니다.

블럭 → 블록 ★

🌳 한 　블록 · 블럭 　지나서 오른편으로 가면 우체국이 보입니다.

어느 낱말이 맞게 쓰여졌을까요?

주거 지대 따위의 작은 단위들을 몇 개 합친 일정한 구획.

➡ 블록이 맞습니다.

• 여기서 다섯 블록을 더 걸어가면 관광 안내소가 나옵니다.

비스켓 → 비스킷 ★

🌳 어머니가 손수 구워 주신 　비스킷 · 비스켓 　은 입에서 녹는 것 같았습니다.

어느 낱말이 맞게 쓰여졌을까요?

밀가루에 설탕, 버터, 우유 따위를 섞어서 구운 과자.

➡ 비스킷이 맞습니다.

• 오븐에서 갓 구워 낸 비스킷이라 바삭 바삭하고 맛있다.

비젼 → 비전 ★

🌳 환경 산업은 앞으로 비젼 · 비전 이 있는 사업입니다.

어느 낱말이 맞게 쓰여졌을까요?

내다보이는 장래의 상황.

➡ 비전이 맞습니다.

• 비전이 있는 사람만이 시대를 앞서 갈 수 있습니다.

싸이클 → 사이클

🌳 사업의 흥망 성쇠도 변화하는 사이클 · 싸이클 이 있는 듯합니다.

어느 낱말이 맞게 쓰여졌을까요?

순환 과정.

➡ **사이클이 맞습니다.**

• 지구는 일 년을 사이클로 태양의 주위를 돌고 있습니다.

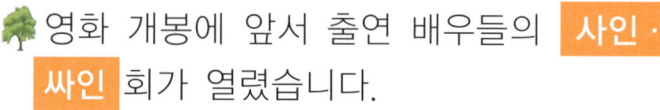 **싸인 → 사인** ★

영화 개봉에 앞서 출연 배우들의 사인 · 싸인 회가 열렸습니다.

어느 낱말이 맞게 쓰여졌을까요?

자기만의 독특한 방법으로 자신의 이름을 적는 것.

➡ **사인이 맞습니다.**

• 그는 인기 가수의 사인을 받는 것이 취미라고 합니다.

샌달 → 샌들 ★

🌳 맨발에 샌들 · 샌달 을 신은 모습이 무척
어색해 보였습니다.

어느 낱말이 맞게 쓰여졌을까요?

나무, 가죽 등으로 바닥을 만들고 이를 가느
다란 끈으로 발등에 매어 신게 만든 신발.

➡ 샌들이 맞습니다.

• 그녀는 가죽으로 만든 고급 샌들을 주
로 신고 다녔습니다.

섬머타임 → 서머타임 ★

🌳 서머타임 · 섬머타임 은 실제 낮 시간과
활동하는 낮 시간 사이의 격차를 줄이기
위해 사용합니다.

어느 낱말이 맞게 쓰여졌을까요?

여름에 긴 낮 시간을 효과적으로 이용하기 위하여 시각을 앞당기는 시간.

➡ 서머타임이 맞습니다.

• 서머타임은 일반적으로 봄에서 가을까지 계속됩니다.

써비스 → 서비스 ★

🌳요즘은 오토바이를 이용한 화물 배달 서비스 · 써비스 가 점차 늘고 있는 추세입니다.

어느 낱말이 맞게 쓰여졌을까요?

고객 또는 이용자의 편익을 위한 노력, 기능.

➡ 서비스가 맞습니다.

• 고객들은 애프터서비스가 좋은 회사의 상품을 선호한다.

🐟 센타 → 센터 ⭐

🌳 광고문에서 과장이나 허위 사실이 발견되면 즉시 소비자 보호 <mark>센터 · 센타</mark> 로 알려 주십시오.

어느 낱말이 맞게 쓰여졌을까요?

물건이나 음식 혹은 지명 따위의 이름 뒤에 붙어 그것을 파는 곳.

➡ 센터가 맞습니다.

• 우리 아파트 지하에는 쇼핑센터가 있어서 물건을 사러 밖에 나갈 필요가 없습니다.

🐟 센치미터 → 센티미터 ⭐

🌳 그녀의 키는 150 <mark>센티미터 · 센치미터</mark> 로 평균 신장보다 큽니다.

어느 낱말이 맞게 쓰여졌을까요?

235

미터법에 의한 길이의 단위.

➡ 센티미터가 맞습니다.

* 1센티미터는 1미터의 100분의 1이고 1
밀리미터의 열 배입니다.

소세지 → 소시지 ★

영미는 손가락처럼 가는 비엔나 소시지 ·
소세지 를 매우 좋아합니다.

어느 낱말이 맞게 쓰여졌을까요?

으깨어 양념한 고기를 돼지 창자나 인공 케이싱에 채우고 삶은 서양식 순대.

➡ 소시지가 맞습니다.

• 소시지는 우리나라의 순대와 비슷한 먹을거리입니다.

쇼파 → 소파 ★

아빠는 휴일이면 소파 · 쇼파 에 누워서 하루 종일 텔레비전만 보십니다.

어느 낱말이 맞게 쓰여졌을까요?

등받이와 팔걸이가 있는 길고 푹신한 의자.

➡ 소파가 맞습니다.

• 나는 학교에서 돌아오자마자 소파에 몸을 파묻은 채 잠이 들었다.

🐟 스프 → 수프 ⭐

🌳 아빠는 매일 수프·스프 와 커피 한 잔
으로 아침 식사를 합니다.

어느 낱말이 맞게 쓰여졌을까요?

고기나 야채 따위를 삶아서 낸 즙에 소금
·후추 따위로 맛을 더한 서양 요리.

➡ 수프가 맞습니다.

• 영미는 크림을 써서 걸쭉하게 만든 크
림 수프를 좋아합니다.

🐟 수퍼마켓 → 슈퍼마켓 ⭐

🌳 엄마는 일주일에 한 번 대형 슈퍼마켓·
수퍼마켓 에서 생필품을 사 오십니다.

어느 낱말이 맞게 쓰여졌을까요?

식료품, 일용 잡화 따위의 가정 용품을 대량으로 판매하는 큰 소매점.

➡ 슈퍼마켓이 맞습니다.

• 영미는 어머니의 심부름으로 슈퍼마켓에서 휴지를 사왔습니다.

 수퍼맨 → 슈퍼맨*

🌳 영화에 등장하는 스턴트맨들은 마치 슈퍼맨 · 수퍼맨 처럼 하늘을 날거나 초능력을 발휘합니다.

어느 낱말이 맞게 쓰여졌을까요?

육체적으로나 정신적으로 초능력을 가진 사람.

➡ 슈퍼맨이 맞습니다.

239

- 마라톤을 하는 선수들은 마치 슈퍼맨과 같은 지구력을 가지고 있습니다.

스넥 → 스낵

점심 시간에 간단한 식사를 위해서는 스낵·스넥 바를 이용하는 것이 좋습니다.

어느 낱말이 맞게 쓰여졌을까요?

간단한 식사.

➡ 스낵이 맞습니다.

- 나는 방과 후에 친구들과 스낵 코너에서 떡볶이를 먹었습니다.

스카웃 → 스카우트

스카우트·스카웃 단원들은 방과 후에 학교 뒷산에서 야영을 하였습니다.

어느 낱말이 맞게 쓰여졌을까요?

보이스카우트와 걸스카우트를 통틀어 이르는 말.

➡ 스카우트가 맞습니다.

• 나는 중학교에 입학하자 보이스카우트에 입단하여 활동을 하였습니다.

스폰지 → 스펀지

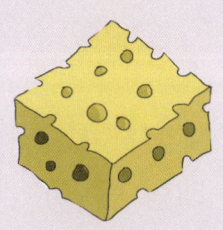

아빠는 세차 후에 마른 　스펀지 · 스폰지　로 자동차의 물기를 닦아냈습니다.

어느 낱말이 맞게 쓰여졌을까요?

생고무나 합성수지로 해면처럼 만든 물건.

➡ 스펀지가 맞습니다.

• 안락 의자는 쿠션이 해어져 스펀지가 삐져나왔습니다.

🐟심볼 → 심벌 ⭐

🌳그 야구단은 구단의 심벌·심볼 로 호랑이를 사용하고 있습니다.

어느 낱말이 맞게 쓰여졌을까요?

상징이나 기호.

➡ 심벌이 맞습니다.

• 우리나라 축구 응원단의 심벌은 붉은 악마입니다.

🐟아케이트 → 아케이드

🌳원래 아케이드·아케이트 는 대형 돔 아래에 밀집된 상점들이 있는 곳을 가리킵니다.

어느 낱말이 맞게 쓰여졌을까요?

아치형의 지붕이 있는 통로, 특히 양쪽에 상점이 있는 통로.

➡️ 아케이드가 맞습니다.

• 비가 온 후의 아케이드는 사람들로 붐비고 있었습니다.

악세사리 → 액세서리

영미는 머리에 꽂은 악세사리 · 액세서리 가 머리 모양과 아주 잘 어울립니다.

어느 낱말이 맞게 쓰여졌을까요?

입은 옷과 잘 어울리도록 꾸민 장식품.

➡ 액세서리가 맞습니다.

• 언니는 구두, 핸드백, 액세서리 등으로 몸치장을 맵시 있게 잘 합니다.

🐟 알미늄 → 알루미늄 ⭐

🌳 우리 집은 목재 창문을 알미늄 · 알루미늄 새시로 모두 교체를 하였습니다.

어느 낱말이 맞게 쓰여졌을까요?

은백색의 가볍고 부드러운 금속 원소.

➡ 알루미늄이 맞습니다.

• 알루미늄은 가공하기가 쉽고 가벼워 건축 · 가정 용품 등에 널리 사용됩니다.

🐟 알콜 → 알코올 ⭐

🌳 우리는 해부를 위해 개구리를 알코올 · 알콜 에 담가 두었습니다.

어느 낱말이 맞게 쓰여졌을까요?

무색의 휘발성 액체로 연료·용매·주류·의약품의 원료로 쓰임.

➡ 알코올이 맞습니다.

• 삼촌은 매일 술을 마시더니 결국 알코올 중독자가 되었습니다.

 앙케이트 → 앙케트 *

어느 선생님이 가장 인기가 좋은지 학생들에게 앙케이트·앙케트 조사를 했습니다.

어느 낱말이 맞게 쓰여졌을까요?

사람들의 의견을 조사하기 위하여 같은 질문을 여러 사람에게 물어 회답을 구함.

➡ 앙케트가 맞습니다.

• 정부는 4대강 사업에 대한 국민들의 여론을 위해 앙케트 조사를 했다고 합니다.

애드바룬 → 애드벌룬

🌳 각 구단의 마스코트가 그려진 애드바룬 · 애드벌룬 이 야구장 하늘 위를 날고 있습니다.

어느 낱말이 맞게 쓰여졌을까요?

광고하는 글이나 그림 따위를 매달아 공중에 띄우는 풍선.

➡ 애드벌룬이 맞습니다.

• 아이들은 하늘에 떠 있는 애드벌룬을 보고 환호성을 질렀습니다.

앰블란스 → 앰뷸런스 ★

🌳 어디에서 사고가 났는지 앰블란스 · 앰뷸런스 한 대가 요란한 소리를 내며 달려 갔습니다.

어느 낱말이 맞게 쓰여졌을까요?

구급차.

➡ 앰뷸런스가 맞습니다.

• 앰뷸런스가 사이렌을 울리자 모든 차
들이 서행을 하며 비켜주었습니다.

에스칼레이터 → 에스컬레이터*

계단을 걸어 오르기 힘드신 분은 에스컬
레이터 · 에스칼레이터 를 이용하시기 바
랍니다.

어느 낱말이 맞게 쓰여졌을까요?

사람이나 화물이 자동적으로 위아래 층으
로 오르내릴 수 있도록 만든 계단.

➡ 에스컬레이터가 맞습니다.

• 에스컬레이터에서는 걷거나 뛰어서는
안 됩니다.

에어콘 → 에어컨 ★

🌳 에어컨 · 에어콘 의 사용으로 전력의 소모율이 늘어날 전망입니다.

어느 낱말이 맞게 쓰여졌을까요?

여름에 실내 공기의 온도, 습도를 조절하는 장치.

➡ 에어컨이 맞습니다.

• 지하철은 에어컨을 과도하게 틀어서 여름에도 춥게 느껴집니다.

유모어 → 유머 ★

🌳 그는 유머 · 유모어 감각이 뛰어나 친구들 사이에서 인기가 대단했다.

어느 낱말이 맞게 쓰여졌을까요?

남을 웃기는 말이나 행동.

➡ 유머가 맞습니다.

• 선생님은 특유의 유머로 우리를 공부
에 열중하게 하십니다.

윈도우 → 윈도★

엄마와 언니는 가끔 윈도·윈도우 쇼핑
을 하러 백화점에 가곤 합니다.

어느 낱말이 맞게 쓰여졌을까요?

'쇼 윈도'의 준말로, 가게의 진열창을 말함.

➡ 윈도가 맞습니다.

• 백화점 안 윈도에는 많은 시계가 진열
되어 있었다.

짜장면 → 자장면★

우리 가족은 원조 자장면·짜장면 을 먹
으러 명동에 갔습니다.

어느 낱말이 맞게 쓰여졌을까요?

고기와 채소를 넣어 볶아 중국 된장에 비빈 국수.

➡ 자장면이 맞습니다.

• 그들은 모두 배가 고팠던 터라 자장면을 곱빼기로 시켜 먹었습니다.

🐟 자켓 → 재킷 ★

🌳 그녀는 더운지 자켓·재킷 을 벗어들고 다시 걷기 시작했습니다.

어느 낱말이 맞게 쓰여졌을까요?

➡ 재킷이 맞습니다.

• 겨울에 등산을 다니려면 다운 재킷을 준비해야 합니다.

쥬스 → 주스 ★

🌳 오렌지 주스·쥬스 에는 비타민C가 많이 들어 있습니다.

어느 낱말이 맞게 쓰여졌을까요?

과일이나 야채를 짜낸 즙.

➡ 주스가 맞습니다.

• 이 오렌지 주스는 100% 오렌지 즙으로만 만든 과실 음료입니다.

째즈 → 재즈

🌳 재즈·째즈 는 색소폰, 트럼펫 따위의 관악기 위주로 연주합니다.

어느 낱말이 맞게 쓰여졌을까요?

미국의 흑인 음악에 클래식, 행진곡 따위의 요소가 섞여서 발달한 대중 음악.

➡ 재즈가 맞습니다.

• 누구나 이해하기 쉬운 대중적인 재즈로 로큰롤, 무드 재즈 등을 팝재즈라고 합니다.

초콜렛 → 초콜릿 ★

초콜릿 · 초콜렛 은 씹지도 않았는데 입 안에서 살살 녹았습니다.

어느 낱말이 맞게 쓰여졌을까요?

코코아 씨를 볶아 만든 가루에 우유, 설탕, 향료 따위를 섞어 만든 과자.

➡ 초콜릿이 맞습니다.

• 영미는 밸런타인데이라고 나에게 초콜릿을 주었습니다.

🐟 카니벌 → 카니발

🌳 우리나라도 각종 카니발·카니벌 을 활성화하여 지역 경제에 도움이 되었으면 좋겠습니다.

어느 낱말이 맞게 쓰여졌을까요?

> 카톨릭교 국가에서 사순제 직전의 3~8일 간 행해지는 축제로, 사순절에는 육식이 금지되었기 때문에 그전에 술과 고기를 먹으며 갖가지 가면을 쓰고 즐김.

➡ 카니발이 맞습니다.

• 브라질의 리우 카니발은 관광 산업적 특성을 잘 살리고 있는 대표적인 카니발입니다.

🐟 카바 → 커버 ⭐

🌳 영철이는 새 교과서에 검은 비닐 카바· 커버 를 사다 씌웠습니다.

어느 낱말이 맞게 쓰여졌을까요?

> 물건을 보호하거나 가리거나 덮거나 싸는 물건.

➡️ 커버가 맞습니다.

• 어머니는 새 차를 깨끗이 쓰기 위해서 시트 **커버**를 사다 씌웠습니다.

🐟카페트 → 카펫★

🌳 연회장 바닥에는 붉은 **카페트 · 카펫** 이 깔려 있었습니다.

어느 낱말이 맞게 쓰여졌을까요?

양탄자.

➡️ 카펫이 맞습니다.

• 거실에 **카펫**을 깔았더니 집안 분위기가 한층 고급스런 느낌입니다.

🐟칼라 → 컬러★

🌳 최근에는 첨단 **칼라 · 컬러** 복사기를 이용한 위조 화폐가 늘어나고 있습니다.

어느 낱말이 맞게 쓰여졌을까요?

빛깔, 색깔.

➡ 컬러가 맞습니다.

• 컬러텔레비전 방송에서는 모든 것을 원색 그대로 생생하게 볼 수 있습니다.

케주얼 → 캐주얼★

🌳아빠는 요즘 출근하실 때에도 캐주얼 · 케주얼 한 복장을 즐겨 입으십니다.

어느 낱말이 맞게 쓰여졌을까요?

평상 · 평상복.

➡ 캐주얼이 맞습니다.

• 평상시에 격식에 매이지 아니하고 가볍게 입을 수 있는 옷을 캐주얼 웨어라고 합니다.

(크리스마스) 캐롤―(크리스마스) 캐럴 *

하얀 눈이 소복하게 쌓인 거리에는 크리스마스 <mark>캐럴·캐롤</mark> 이 은은하게 울려 퍼지고 있었습니다.

어느 낱말이 맞게 쓰여졌을까요?

> 크리스마스에 부르는 성탄 축하곡.

➡ 캐럴이 맞습니다.

• 크리스마스를 앞두고 거리에는 흥겨운 캐럴이 넘쳐흐릅니다.

캠프화이어 → 캠프파이어 *

야영 마지막 날 우리들은 <mark>캠프파이어·캠프화이어</mark> 를 하며 못다 한 이야기를 나누었습니다.

어느 낱말이 맞게 쓰여졌을까요?

> 야영지에서 피우는 모닥불.

지난 수련회에서 우리 캠프화이어도 하고 놀았어요.

재미 있었겠다. 그리고 '캠프화이어'가 아니라 '캠프파이어'야.

➡ 캠프파이어가 맞습니다.

• 캠프파이어는 우리말로 하면 모닥불 놀이라고 할 수 있습니다.

컨닝 → 커닝 ⭐

🌳 다른 사람의 답안지를 커닝 · 컨닝 하다가 발각되는 사람은 영점 처리할 것입니다.

어느 낱말이 맞게 쓰여졌을까요?

시험을 칠 때 미리 준비한 답을 보고 쓰거나 남의 것을 베끼는 일.

➡ 커닝이 맞습니다.

• 쪽지 시험 시간에 커닝을 하다가 선생
님한테 들켰습니다.

커텐 → 커튼 ⭐

🌳 창문을 열자 [커텐·커튼] 이 바람에 가볍
게 흔들거리기 시작했습니다.

어느 낱말이 맞게 쓰여졌을까요?

> 창이나 문에 치는 휘장.

➡ 커튼이 맞습니다.

• 공연이 시작되기 전의 무대에는 붉은
커튼이 드리워져 있었습니다.

케익 → 케이크 ⭐

🌳 불이 꺼지자 생일 [케이크·케익] 의 찬란
한 촛불이 켜졌습니다.

어느 낱말이 맞게 쓰여졌을까요?

> 밀가루, 달걀, 버터, 우유, 설탕 따위를 주
원료로 하여 만든 서양 음식.

➡️ 케이크가 맞습니다.

- 이번 생일 케이크 상자는 주변에 예쁜 꽃무늬로 둘려 있었습니다.

🐟 케찹 → 케첩 ⭐

🌳 요즘은 케요네즈라고 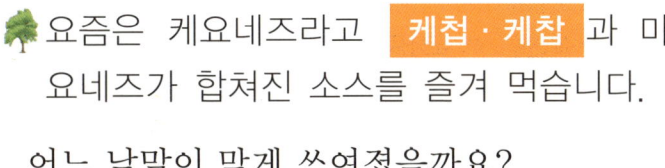 케첩 · 케찹 과 마요네즈가 합쳐진 소스를 즐겨 먹습니다.

어느 낱말이 맞게 쓰여졌을까요?

과일, 채소 위에 향료, 식초 따위를 가미한 소스.

➡️ 케첩이 맞습니다.

- 아이들은 감자튀김을 토마토 케첩에 찍어 먹었습니다.

🐟 타올 → 타월 ⭐

🌳 엄마는 타올 · 타월 로 아이의 등을 밀어 주기 시작하였습니다.

어느 낱말이 맞게 쓰여졌을까요?

무명실이 보풀보풀하게 나오도록 짠 천이
나 수건.

➡ 타월이 맞습니다.

• 어머니는 머리를 감은 뒤 타월로 물기
를 닦으십니다.

 탈렌트 → 탤런트 ⭐

🌳 그녀는 탤런트 · 탈렌트 가 되려고 연기
학원에 다닌다고 자랑을 하였습니다.

어느 낱말이 맞게 쓰여졌을까요?

방송에 출연하는 연예인.

➡ 탤런트가 맞습니다.

• 가수 · 탤런트 · 배우 따위의 연예인을
뽑기 위한 오디션이 내일 시작합니다.

🐟 텔레비젼 → 텔레비전 ⭐

🌳 앞으로는 아날로그에서 디지털 텔레비전 ·
텔레비젼 으로 모두 전환을 해야 합니다.

어느 낱말이 맞게 쓰여졌을까요?

영상을 받는 수상기.

➡ 텔레비전이 맞습니다.

• 저녁 먹고 나서 텔레비전을 보고 있는
데 친구한테서 전화가 왔습니다.

터미날 → 터미널 ★

🌳 고속 터미날 · 터미널 은 아침부터 오고
가는 사람들로 북적거렸습니다.

어느 낱말이 맞게 쓰여졌을까요?

많은 교통 노선이 모여 있는 역.

➡ 터미널이 맞습니다.

• 민족 대명절인 설을 맞아 터미널은 귀
성 인파로 대혼란을 이루었습니다.

화이팅 → 파이팅

🌳 응원단은 선수들에게 파이팅 · 화이팅 을
외치며 힘을 북돋아 주었습니다.

어느 낱말이 맞게 쓰여졌을까요?

운동 경기에서, 선수들끼리 잘 싸우자는
뜻으로 외치는 소리.

➡ 파이팅이 맞습니다.

• 선수들은 파이팅을 외치며 운동장으로
뛰어 들어갔습니다.

후라이팬 → 프라이팬

어머니는 프라이팬 · 후라이팬 에 식용유
를 넣고 빈대떡을 부치고 계십니다.

어느 낱말이 맞게 쓰여졌을까요?

프라이를 하는 데 쓰는 넓적한 냄비.

➡ 프라이팬이 맞습니다.

• 달구어진 프라이팬에서 맛있는 냄새가
퍼져 오릅니다.

피라밋 → 피라미드★

 피라미드 · 피라밋 의 비밀은 현대 과학
으로도 밝히지 못하고 있다.

어느 낱말이 맞게 쓰여졌을까요?

돌이나 벽돌을 쌓아 만든 사각뿔 모양의 거대한 건조물.

➡ 피라미드가 맞습니다.

• 예로부터 이집트의 피라미드 속에 악마가 산다는 이야기가 있습니다.

핏자 → 피자 ★

피자·핏자 는 이탈리아 남부 나폴리 지방에서 유래한 음식입니다.

어느 낱말이 맞게 쓰여졌을까요?

밀가루 반죽 위에 토마토·치즈·피망·고기·향료 따위를 얹어 둥글고 납작하게 구운 파이.

➡ 피자가 맞습니다.

• 피자는 매콤한 칠리 소스를 곁들여야 제 맛이 납니다.

논술과 일상에서
가장 많이 틀리는
비교 **맞춤법**

초판 1쇄 발행 2024년 6월 10일

편집부 엮음
펴낸이 서영희 | 펴낸곳 와이 앤 엠
편집 임명아 | 책임교정 하연정
본문인쇄 애드그린 | 제책 세림 제책
제작 이윤식 | 마케팅 강성태
주소 120-100 서울시 서대문구 홍은동 376-28
전화 (02)308-3891 | Fax (02)308-3892
E-mail yam3891@naver.com
등록 2007년 8월 29일 제312-2007-000040호

ISBN 979-11-978721-5-0 17700

본사는 출판물 윤리강령을 준수합니다.